BASIC STRUCTURES 2

Spanish

A *Textbook for*

The Learnables®, Book 2

Blanca Sagarna
Harris Winitz

To be used with Audio Recordings

 International Linguistics Corporation

www.learnables.com
1-800-237-1830

Artists

Syd Baker
Tod Machin
Gloria Nixon

Voices

Maya Gross, Nicaragua
Rosa López, México
Aaron Martínez, Honduras
Angel R. Martínez, Cuba
Alfredo Sánchez, Chile
Alicia Sánchez, Chile
Beatriz Sirvent, Mexico
Andrés M. Trimiño, Colombia
Felipe A. Trimiño, Colombia

Editor, Andrés M. Trimiño

ISBN 1-887371-19-2

Basic Structures Book 2, Spanish
A Reader for The Learnables®, Book 2
Fourth Edition

Book to be used in conjunction with audio recordings

How to take the Lessons

BASIC STRUCTURES, Spanish, Book 2 is the student textbook for **THE LEARNABLES®**, Spanish, Book 2. In **BASIC STRUCTURES** the content of each lesson of **THE LEARNABLES®** is reviewed. Two important features of this textbook are the tests and the audio cassettes. The tests assess the student's comprehension of the material presented in **THE LEARNABLES®**, BOOK 2. The cassettes provide the authentic pronunciation of the printed words.

Students may complete all 12 lessons of **THE LEARNABLES®**, Book 2 before they begin the 11 lessons of **BASIC STRUCTURES, Book 2.** Another approach is to take each corresponding lesson of **THE LEARNABLES®** and **BASIC STRUCTURES.** The authors recommend the first approach to direct the student's full attention to auditory comprehension prior to emphasis on reading.

The recommended learning strategy is for students to accept all grammatical constructions as they appear in the text. The primary task of the student should be to determine the meaning of each sentence. In this way the grammar will be learned naturally. Meaning is the primary component behind the teaching method of **THE LEARNABLES®** and **BASIC STRUCTURES.**

The audio cassettes are to be used with each lesson. Begin each lesson with the **Review** Section, entitled **Repaso** in Spanish. In the **Repaso** section, the words in the corresponding lesson of **THE LEARNABLES®** are reviewed. Look at each picture, listen to the cassette tape, and read the text under the pictures. You may wish to stop the tape recorder at any time to reread the text and to reexamine its corresponding picture. Next comes the **Expansion** section, entitled **Ejercicio de ampliación.** In the **Ejercicio de ampliación** section, word usage and grammatical structures are further emphasized to assist you in the learning of Spanish. The last section contains the exercises. Each exercise has the heading **Ejercicio.** The exercises in this book involve some novel, but anticipated constructions. Students will find the exercises challenging in that they provide additional experience with the Spanish language. We recommend that all exercises be completed.

Now please turn to page *i* and listen to the numbers.

Table of Contents

Números

21	31
22	32
21, 22	31, 32
23	33
21, 22, 23	31, 32, 33
24	34
21, 22, 23, 24	31, 32, 33, 34
25	35
21, 22, 23, 24, 25	31, 32, 33, 34, 35
26	36
21, 22, 23, 24, 25, 26	31, 32, 33, 34, 35, 36
27	37
21, 22, 23, 24, 25, 26, 27	31, 32, 33, 34, 35, 36, 37
28	38
21, 22, 23, 24, 25, 26, 27, 28	31, 32, 33, 34, 35, 36, 37, 38
29	39
21, 22, 23, 24, 25, 26, 27, 28, 29	31, 32, 33, 34, 35, 36, 37, 38, 39
30	40
21, 22, 23, 24, 25, 26, 27, 28, 29, 30	31, 32, 33, 34, 35, 36, 37, 38, 39, 40

Lección 11

Repaso 1. Mire, escuche y lea.

1. El huevo está en el suelo.

2. El huevo está desparramado por el suelo.

3. La manzana está en el suelo.

4. El huevo está sobre la ventana.

5. El huevo está desparramado por la ventana.

6. La papa está sobre la ventana.

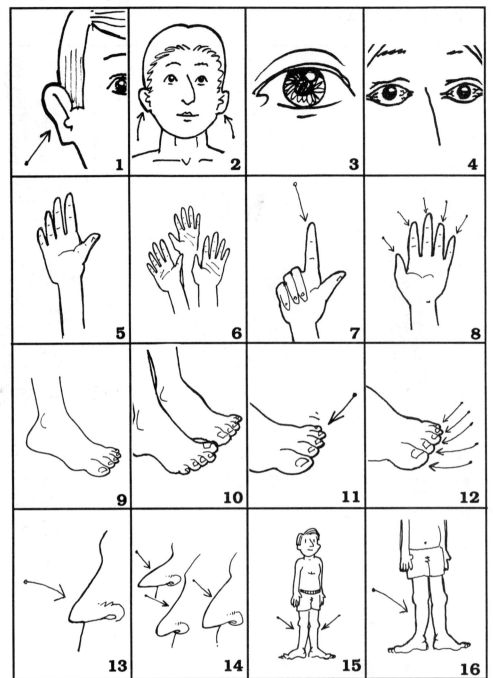

1. La oreja
2. Las orejas
3. El ojo
4. Los ojos
5. La mano
6. Las manos
7. El dedo de la mano
8. Los dedos de la mano

9. El pie
10. Los pies
11. El dedo del pie
12. Los dedos del pie
13. La nariz
14. Las narices
15. Las piernas
16. La pierna

Repaso 3. Mire, escuche y lea.

1. El hombre se toca el estómago.

2. Se toca el pecho.

3. Tiene brazos largos. Puede tocarse los dedos de los pies.

4. Se toca los dedos de los pies.

5. El hombre gordo tiene brazos cortos. No puede tocarse los dedos de los pies.

6. Puede tocarse la cabeza.

7. La señora de la nariz larga se toca la oreja.

8. Se toca los dedos de los pies con un lápiz.

9. No puede tocar el techo.

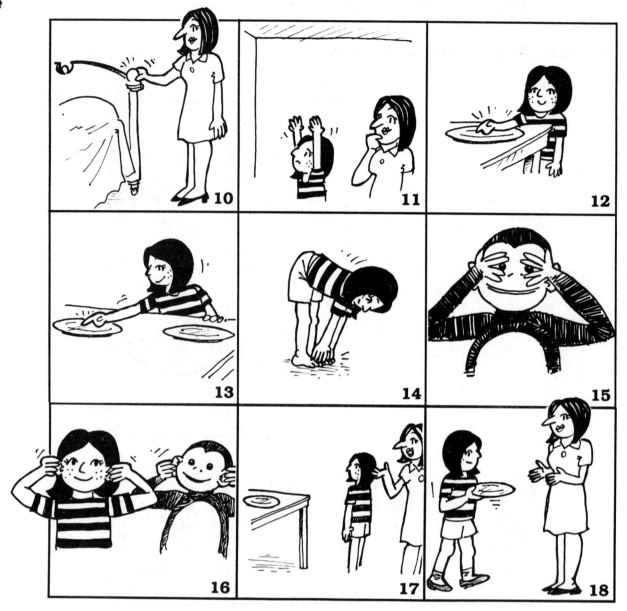

10. Puede tocar la cama.

11. Su hija no puede tocar el techo.

12. Puede tocar el plato. El plato está sobre la mesa.

13. Puede tocar el otro plato.

14. Ella se toca los dedos de los pies.

15. El mono puede tocarse los ojos.

16. Pueden tocarse las orejas.

17. —Tráeme el plato. —Su madre tiene una nariz larga.

18. La niña trae el plato a su madre.

Ejercicio de ampliación 1. Mire, escuche y lea.

1. La taza	7. El libro
2. Las tazas	8. Los libros
3. El árbol	9. La señora
4. Los árboles	10. Las señoras
5. El automóvil	11. El hombre
6. Los automóviles	12. Los hombres

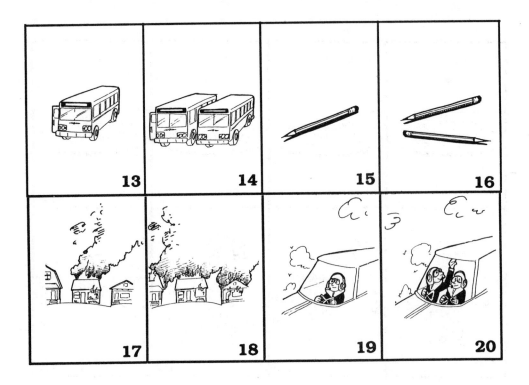

13. El autobús

14. Los autobuses

15. El lápiz

16. Los lápices

17. La casa está ardiendo.

18. Las casas están ardiendo.

19. El piloto pilota el avión.

20. Los pilotos pilotan el avión.

Ejercicio de ampliación 2. Mire, escuche y lea.

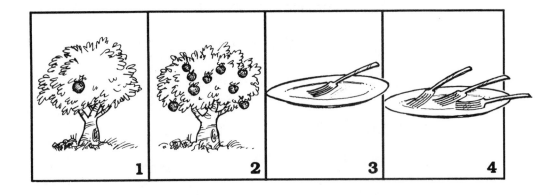

1. Hay una manzana en el árbol.

2. Hay manzanas en el árbol.

3. El tenedor está en el plato.

4. Los tenedores están en el plato.

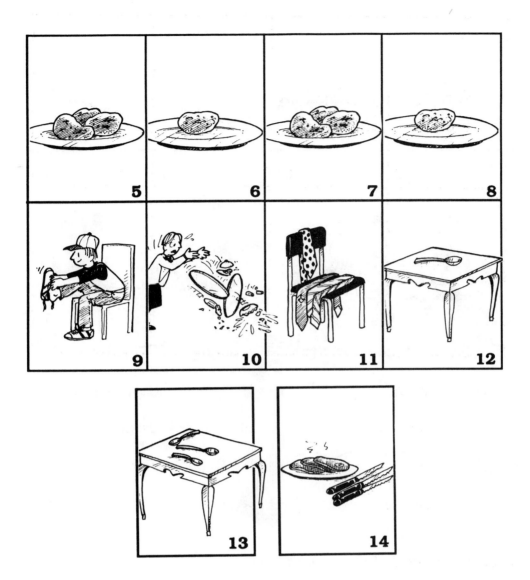

5. Las patatas están en el plato.

6. La patata está en el plato.

7. Las papas están en el plato.

8. La papa está en el plato.

9. El niño se pone los zapatos.

10. Al camarero se le caen las bandejas.

11. Las corbatas están sobre la silla.

12. La cuchara está sobre la mesa.

13. Las cucharas están sobre la mesa.

14. Los cuchillos están junto al plato de carne.

Ejercicio de ampliación 3. Mire, escuche y lea.

1. El padre está poniendo los platos sobre la mesa.

2. La madre está poniendo mantequilla en el pan.

3. El hijo está poniendo los vasos de agua sobre la mesa.

4. La hija está cortando la carne.

5. El mono tiene hambre.

Ejercicio de ampliación 4. Mire, escuche y lea.

1. —Tráeme el cuchillo.

2. El hijo trae el cuchillo al padre.

3. —Tráeme la cuchara.

4. El hijo trae la cuchara al padre.

5. —Dame el libro.

6. El mono le da el libro a la madre.

Ejercicio de ampliación 5. Mire, escuche y lea.

1. El hombre de la nariz larga está comiendo helado.

2. La señora gorda está comiendo espaguetis.

3. Ella le da el libro al hombre de las orejas grandes.

4. El hombre de las orejas grandes le da el libro al hombre de los ojos grandes.

5. El hombre de los ojos grandes le da el libro a la señora de la nariz larga.

6. La señora de la nariz larga le da el libro a la señora de las orejas grandes.

Ejercicio de ampliación 6. Mire, escuche y lea.

1. El hombre de la nariz larga puede tocarse los dedos de los pies.

2. Se está tocando los dedos de los pies.

3. El hombre gordo no puede tocarse los dedos de los pies. Es demasiado gordo.

4. El hombre delgado puede tocar el techo.

5. El hombre delgado está tocando el techo.

6. El hombre gordo no puede tocar el techo.

7. Puede tocar la ventana.

8. Está tocando la ventana.

9. El niño no puede ver al perro. La niña puede ver al perro.

Ejercicio de ampliación 7. Mire, escuche y lea.

1. Hay un huevo sobre la mesa.

2. El niño toma el huevo.

3. Tira el huevo al techo.

4. El huevo está desparramado por el suelo.

5. El toma otro huevo.

6. —No, pon el huevo sobre la mesa.

Ejercicio de ampliación 8. Mire, escuche y lea.

1. El frasco

2. El biberón

3. La botella

Ejercicio 1. Mire, escuche y lea. Lea las palabras otra vez y escriba el número del dibujo en el espacio en blanco correspondiente.

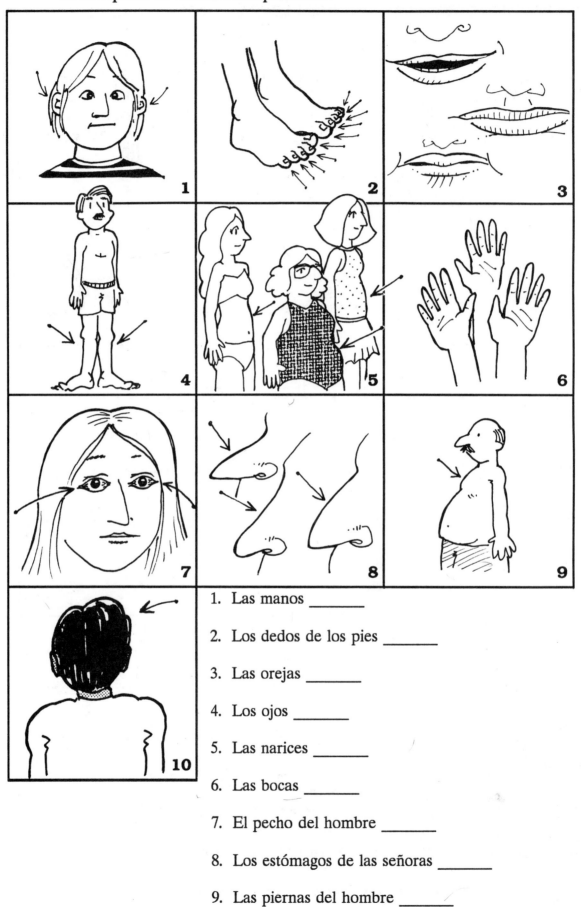

1. Las manos _____

2. Los dedos de los pies _____

3. Las orejas _____

4. Los ojos _____

5. Las narices _____

6. Las bocas _____

7. El pecho del hombre _____

8. Los estómagos de las señoras _____

9. Las piernas del hombre _____

10. La cabeza del hombre _____

Ejercicio 2. Mire, escuche y lea. Lea las frases otra vez y escriba el número del dibujo en el espacio en blanco correspondiente.

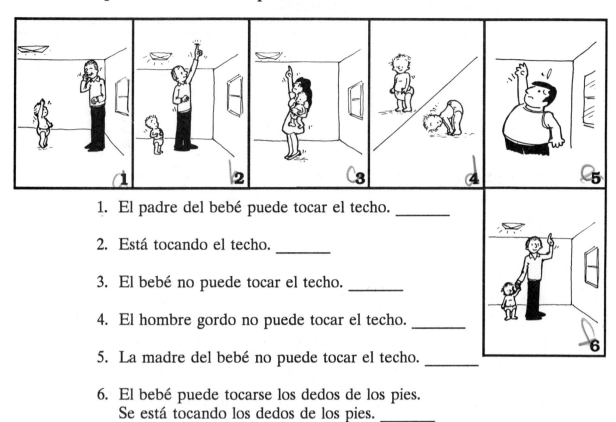

1. El padre del bebé puede tocar el techo. _____

2. Está tocando el techo. _____

3. El bebé no puede tocar el techo. _____

4. El hombre gordo no puede tocar el techo. _____

5. La madre del bebé no puede tocar el techo. _____

6. El bebé puede tocarse los dedos de los pies.
    Se está tocando los dedos de los pies. _____

Ejercicio 3. Mire, escuche y lea. Lea las frases otra vez y escriba el número del dibujo en el espacio en blanco correspondiente.

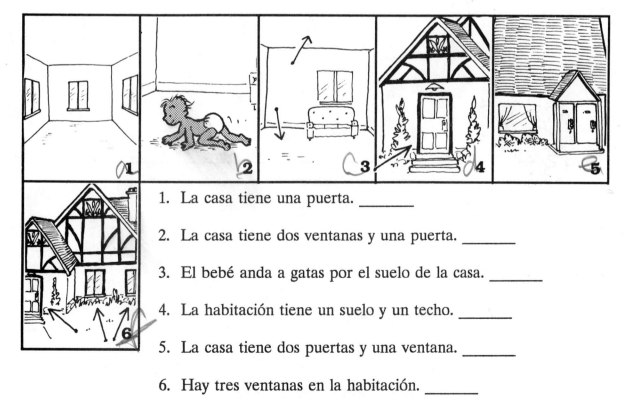

1. La casa tiene una puerta. _____

2. La casa tiene dos ventanas y una puerta. _____

3. El bebé anda a gatas por el suelo de la casa. _____

4. La habitación tiene un suelo y un techo. _____

5. La casa tiene dos puertas y una ventana. _____

6. Hay tres ventanas en la habitación. _____

Ejercicio 4. Mire, escuche y lea. Lea las frases otra vez y escriba el número del dibujo en el espacio en blanco correspondiente.

1. El bebé tiene una nariz larga. _____

2. El bebé tiene una nariz larga y unas orejas grandes. _____

3. El bebé tiene una nariz larga, unas orejas grandes y unos ojos grandes. _____

4. El bebé tiene una nariz larga, unas orejas grandes, unos ojos grandes y unas manos grandes. _____

5. El bebé tiene una nariz larga, unas orejas grandes, unos ojos grandes, unas manos grandes y unas piernas largas. _____

Ejercicio 5. Mire, escuche y lea. Lea las frases otra vez y escriba el número del dibujo en el espacio en blanco correspondiente.

1. —Dame los vasos. _____

2. El hijo le da los vasos a su padre. _____

3. Después, el padre pone los vasos sobre la mesa. _____

4. —Dame los tazones. _____

5. El hijo le da los tazones al padre. _____

6. Al padre se le caen los tazones. _____

Ejercicio 6. Mire, escuche y lea. Lea las frases otra vez y escriba el número del dibujo en el espacio en blanco correspondiente.

1. Hay dos manzanas sobre la mesa. _____

2. El bebé ve las dos manzanas. _____

3. Toma una. _____

4. Tira la manzana al mono. _____

5. Después, toma la otra manzana. _____

6. Tira la manzana a su madre. _____

Ejercicio 7. Mire, escuche y lea. Lea las frases otra vez y escriba el número del dibujo en el espacio en blanco correspondiente.

1. —Por favor, dame la cuchara. _____

2. El hijo le da la cuchara grande al padre. _____

3. —¡No! Por favor, dame la otra cuchara. _____

4. El hijo pone la cuchara grande sobre la mesa. _____

5. El hijo toma la otra cuchara. _____

6. Le da la otra cuchara a su padre. _____

Ejercicio 8. Mire, escuche y lea. Lea las frases otra vez y escriba el número del dibujo en el espacio en blanco correspondiente.

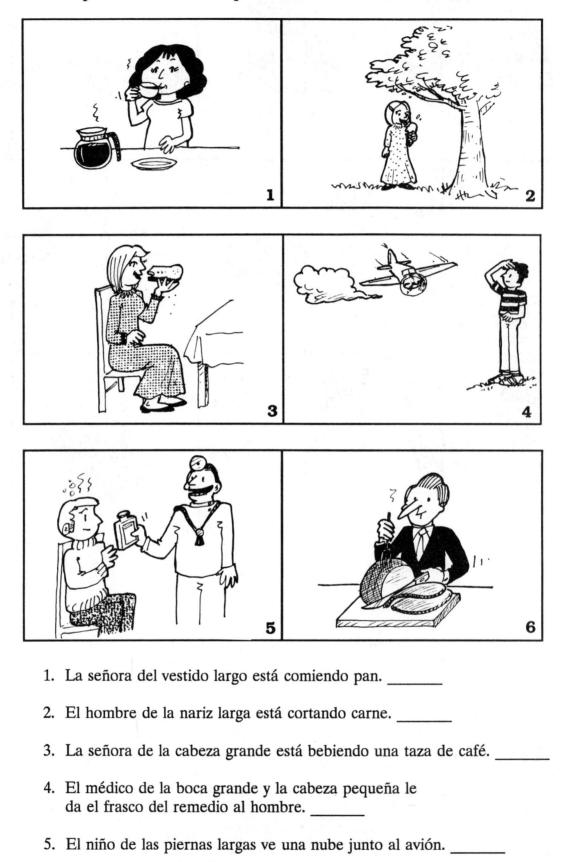

1. La señora del vestido largo está comiendo pan. _____

2. El hombre de la nariz larga está cortando carne. _____

3. La señora de la cabeza grande está bebiendo una taza de café. _____

4. El médico de la boca grande y la cabeza pequeña le
   da el frasco del remedio al hombre. _____

5. El niño de las piernas largas ve una nube junto al avión. _____

6. La niña del vestido largo está comiendo helado debajo de un árbol. _____

Ejercicio 9. Mire, escuche y lea. Lea las frases otra vez y escriba el número del dibujo en el espacio en blanco correspondiente.

1. El mono tiene un sombrero. _____

2. Se pone el sombrero. _____

3. El mono está cortando la carne. _____

4. Le sirve la carne al hombre. _____

5. El pan, el cuchillo y el tenedor están en la bandeja. _____

6. El mono pone la bandeja en la mesa del hombre. _____

7. Le da el cuchillo y el tenedor al hombre. _____

8. El hombre toma el cuchillo y el tenedor. _____

9. Los camareros están sirviendo la comida a los bomberos, a los médicos y a los policías. Los camareros son monos también. _____

Ejercicio 10. Mire, escuche y lea. Lea las frases otra vez y escriba el número del dibujo en el espacio en blanco correspondiente.

1. Las casas están ardiendo. _____

2. Las señoras ven el incendio de las casas. _____

3. Los hombres ven el incendio. _____

4. El hombre del sombrero pequeño ve el incendio también. _____

5. El policía de las orejas grandes viene. _____

6. El bombero gordo viene. _____

Ejercicio 11. Mire, escuche y lea. Lea el párrafo otra vez y escriba la letra correcta en el espacio en blanco correspondiente.

Un pasajero está tocando al bebé. Otro pasajero está tocando la ventanilla del avión. La señora tiene un sombrero en la cabeza. El zapato del hombre está junto al biberón del bebé. La señora del sombrero está comiendo una banana y bebiendo una taza de café. Hay una cuchara en la taza de café. La señora ve una nube.

Preguntas

1. ¿Dónde está la cuchara? _____   A. En la cabeza

2. ¿Dónde está el biberón del bebé? _____   B. En la taza de café

3. ¿Dónde tiene el sombrero la señora? _____   C. En el avión

4. ¿Dónde está el zapato del hombre? _____   CH. Junto al biberón del bebé

5. ¿Dónde están los pasajeros? _____   D. En el suelo del avión

Repaso 1. Mire, escuche y lea.

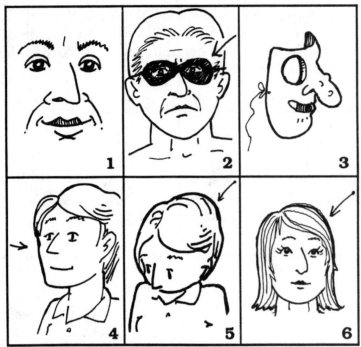

1. La cara

2. El antifaz

3. La máscara

4. La cara del hombre

5. La cabeza del hombre

6. La cabeza de la señora

Repaso 2. Mire, escuche y lea.

1. El padre y la hija están en un restaurante. Quieren comer.

2. La hija anda a gatas debajo de la mesa. El menú está sobre la mesa.

3. —Por favor, siéntate.

4. Ella se sienta.

5. —Quítate el antifaz.

6. Ella se quita el antifaz.

7. —Dame el antifaz.

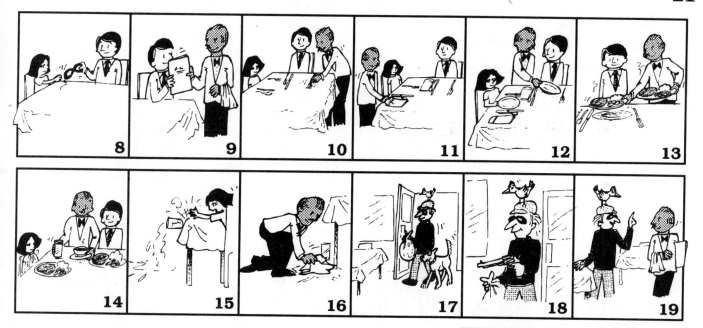

8. La hija le da el antifaz al padre.

9. El padre le da el menú al camarero.

10. El camarero pone los cubiertos en la mesa.

11. Después, pone las servilletas en la mesa.

12. Después, pone los platos en la mesa.

13. Después, sirve la carne, las papas y las zanahorias.

14. Pone un vaso de leche junto al plato de la hija y una taza de café junto al plato del padre.

15. La niña derrama la leche.

16. El camarero limpia el suelo.

17. Un ladrón entra en el restaurante con un perro. Lleva una bolsa.

18. Tiene una pistola en la mano y un pájaro en la cabeza.

19. El ladrón quiere comer.
    —¡Camarero! Quiero comer. Tráigame un menú, por favor.

20. El camarero le da el menú al hombre.

21. El ladrón se sienta.

Repaso 3. Mire, escuche y lea.

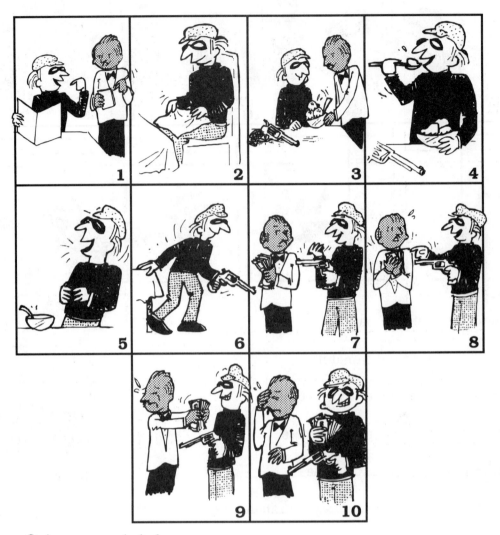

1. —Quiero comer helado.

2. El ladrón se pone la servilleta en las piernas.

3. El camarero le sirve el helado al ladrón. La pistola del ladrón está en la mesa.

4. El ladrón está comiendo el helado.

5. Se ríe.

6. Después, se levanta.

7. —¡Déme el dinero!

8. —¡No, el dinero, no!

    —¡Sí, el dinero, sí!

9. El camarero le da el dinero al ladrón.

10. El ladrón toma el dinero.

11. —¡Déme la camisa!

12. —¡No, la camisa, no!

13. —¡Sí, la camisa, sí!

14. Le da la camisa al ladrón.

15. Al ladrón se le cae el antifaz.

16. Una señora recoge el antifaz.

    —Gracias.

17. El ladrón se marcha del restaurante.

18. —¡Policía, policía!

19. La policía llega al restaurante.

20. La policía entra en el restaurante.

21. El ladrón ve a los policías.

1. —¿Dónde está el ladrón?

2. —Está aquí.

3. El ladrón y los policías entran en el automóvil de la policía.

4. Los policías y el hombre están dentro de la comisaría.

5. El camarero mira a los hombres.

6. Reconoce al ladrón.

7. Reconoce al pájaro y reconoce al perro.

8. El camarero se marcha de la comisaría.

9. Ve a otro ladrón.

10. El ladrón tiene una pistola.

11. Una señora ve al ladrón.

12. La señora golpea al ladrón en la cabeza con una botella.

Ejercicio de ampliación 1. Mire, escuche y lea.

track 26

1. —Yo entro en el restaurante.

2. —Yo como.

3. —Ella come.

4. —El come.

5. —Yo me marcho del restaurante.

6. —Tengo el sombrero puesto.

7. —El no tiene el sombrero puesto.

8. —El hombre no puede andar.

9. —El hombre puede andar.

10. —Yo puedo pilotar un avión. Soy piloto.

11. —Yo no puedo pilotar un avión. Puedo manejar un automóvil.

12. El bebé no puede manejar un automóvil.

Ejercicio de ampliación 2. Mire, escuche y lea.

1. —Mi perro es pequeño. Su perro es grande.

2. —Tengo a mi pájaro en la cabeza.

3. —Mi hija está comiendo helado.

4. —Tengo la servilleta sobre las piernas.

5. —Yo llevo mis libros. El lleva sus libros.

6. —Yo llevo a mi bebé.

Ejercicio de ampliación 3. Mire, escuche y lea.

1. El está sentado dentro de la casa.

2. Ella está sentada dentro del automóvil.

3. El pájaro está dentro de la botella.

Ejercicio de ampliación 4. Mire, escuche y lea.

 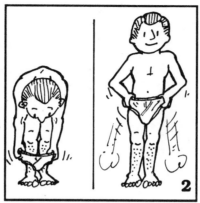 

1. La ropa interior está encima de la cama.

2. El se pone los calzoncillos.

3. Se pone la camiseta.

Ejercicio de ampliación 5. Mire, escuche y lea.

 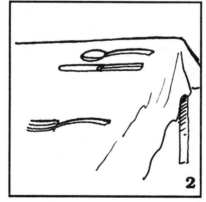 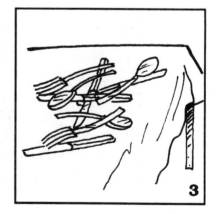

1. Un tenedor, un cuchillo y una cuchara forman un cubierto.

2. El cubierto está en la mesa.

3. Los cubiertos están en la mesa.

Ejercicio de ampliación 6. Mire, escuche y lea.

1. El camarero pone el plato en la mesa.

2. Pone el cubierto en la mesa. Un tenedor, un cuchillo y una cuchara forman un cubierto.

3. Pone la servilleta junto a la cuchara y el cuchillo.

4. Pone el pan y la mantequilla en la mesa.

5. El mono se sienta.

6. Después, el camarero pone una banana en el plato del mono.

Ejercicio de ampliación 7. Mire, escuche y lea.

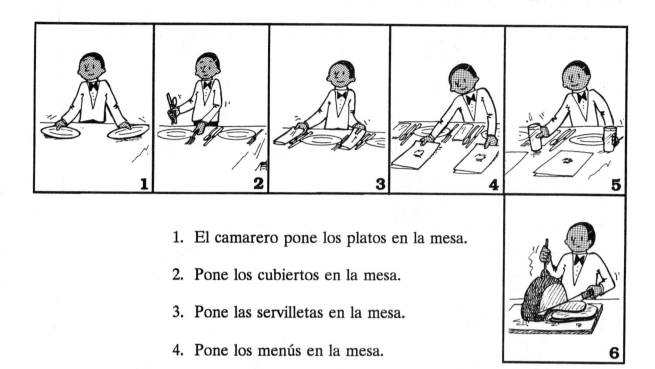

1. El camarero pone los platos en la mesa.

2. Pone los cubiertos en la mesa.

3. Pone las servilletas en la mesa.

4. Pone los menús en la mesa.

5. Pone los vasos en la mesa.

6. Ahora, el camarero corta la carne.

Ejercicio de ampliación 8. Mire, escuche y lea.

1. El camarero sirve sopa a la señora.

2. Derrama la sopa en el vestido de la señora.

3. La señora está enojada.

Ejercicio de ampliación 9. Mire, escuche y lea.

1. La niña camina hacia la mesa.

2. Se sienta.

3. Después, se levanta.

Ejercicio de ampliación 10. Mire, escuche y lea.

1. La señora entra en el restaurante.

2. Está dentro del restaurante.

3. Toma sopa.

4. Se levanta.

5. Pone el dinero en la mesa.

6. Se marcha del restaurante.

Ejercicio de ampliación 11. Mire, escuche y lea.

1. El hombre tiene sed. Quiere beber leche. Entra en la cocina.

2. Bebe un vaso de leche.

3. Se marcha de la cocina.

Ejercicio de ampliación 12. Mire, escuche y lea.

1. El hombre va hacia el automóvil.

2. El hombre viene hacia el automóvil.

3. La madre va hacia el bebé.

4. La madre viene hacia el bebé.

5. El camarero va hacia la mesa.

6. El camarero viene hacia la mesa.

Ejercicio de ampliación 13. Mire, escuche y lea.

1. El está caminando.

2. El está corriendo.

3. El está caminando hacia la mesa.

4. El está corriendo hacia la mesa.

5. Se tropieza con la mesa.

Ejercicio de ampliación 14. Mire, escuche y lea.

1. —Pon el biberón encima de la mesa.

2. El bebé pone el biberón encima de la mesa.

3. —Pon el vaso encima de la mesa.

4. El bebé pone el vaso encima de la mesa.

Ejercicio de ampliación 15. Mire, escuche y lea.

1. El camarero derrama el agua sobre el hombre gordo.

2. Después, le da una toalla.

3. El se seca con la toalla.

4. Después, el camarero limpia el suelo con un trapo.

Ejercicio de ampliación 16. Mire, escuche y lea.

1. El mono está sentado.

2. Se levanta.

3. Está de pie.

Ejercicio de ampliación 17. Mire, escuche y lea.

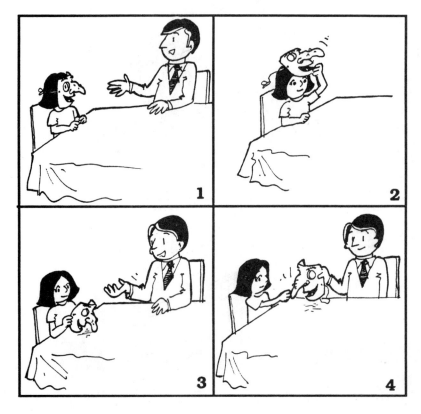

1. —Quítate la máscara.

2. Ella se quita la máscara.

3. —Dame la máscara.

4. La hija le da la máscara al padre.

Ejercicio de ampliación 18. Mire, escuche y lea.

1. El ladrón se está llevando los cubiertos.

2. Está poniendo los cubiertos en el sombrero.

3. —¡Mis cubiertos, no!

4. —¡Los cubiertos, sí!

5. El ladrón mete la mano en la botella.

6. El ladrón se está llevando el dinero.

Ejercicio 1. Mire, escuche y lea. Lea las frases otra vez y escriba el número del dibujo en el espacio en blanco correspondiente.

1. La comida está encima de la mesa. _____

2. Las ropas están sobre la silla. _____

3. Los cubiertos están sobre la mesa. _____

Ejercicio 2. Mire, escuche y lea. Lea las frases otra vez y escriba el número del dibujo en el espacio en blanco correspondiente.

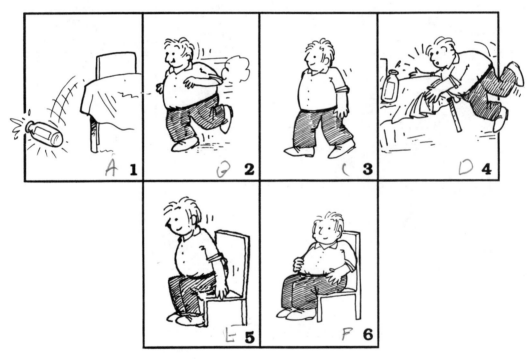

1. El hombre está sentado. _____

2. Se levanta. _____

3. Camina. _____

4. Corre. _____

5. Tropieza con la mesa. _____

6. La botella de leche se cae de la mesa. _____

Ejercicio 3. Mire, escuche y lea. Lea las frases otra vez y escriba el número del dibujo en el espacio en blanco correspondiente.

1. La camisa y la ropa interior están sobre la cama. _____

2. El hombre se pone los calzoncillos. _____

3. Se pone la camiseta. _____

4. Se pone la camisa. _____

5. Se pone los pantalones. _____

6. El mono toma su corbata. _____

7. Corre hacia otra habitación. _____

8. El hombre está enojado. _____

9. El mono le da la corbata al hombre. _____

10. El hombre se pone la corbata. _____

11. Se pone la chaqueta. _____

12. Se pone los zapatos. _____

Ejercicio 4. Mire, escuche y lea. Lea las frases otra vez y escriba el número del dibujo en el espacio en blanco correspondiente.

1. El bebé está bebiendo su leche. _____

2. Deja caer el biberón. _____

3. La leche se derrama. _____

4. La niña recoge el biberón.
   Ella está comiendo una manzana. _____

5. Pone el biberón en la mesa. _____

6. El bebé llora. _____

Ejercicio 5. Mire, escuche y lea. Lea las frases otra vez y escriba el número del dibujo en el espacio en blanco correspondiente.

1. Los pantalones del niño se caen. _____

2. La niña le ve los calzoncillos. _____

3. Al niño le da vergüenza. _____

Ejercicio 6. Mire, escuche y lea. Lea las frases otra vez y escriba el número del dibujo en el espacio en blanco correspondiente.

1. El hombre tiene una pistola. _____

2. Hay otro hombre en la habitación. Es policía. Tiene una cabeza grande. _____

3. El policía golpea al hombre en la cabeza con una botella. _____

Ejercicio 7. Mire, escuche y lea. Lea las frases otra vez y escriba el número del dibujo en el espacio en blanco correspondiente.

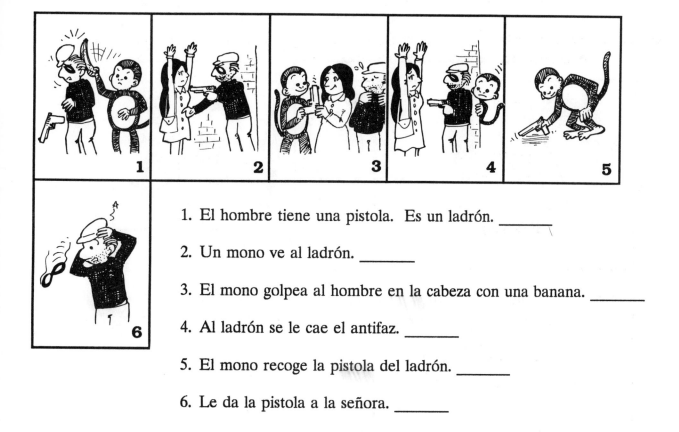

1. El hombre tiene una pistola. Es un ladrón. _____

2. Un mono ve al ladrón. _____

3. El mono golpea al hombre en la cabeza con una banana. _____

4. Al ladrón se le cae el antifaz. _____

5. El mono recoge la pistola del ladrón. _____

6. Le da la pistola a la señora. _____

Ejercicio 8. Mire, escuche y lea. Lea las frases otra vez y escriba el número del dibujo en el espacio en blanco correspondiente.

1. El ladrón y el policía entran en el automóvil de la policía. _____

2. Dentro de la comisaría el mono mira al ladrón. _____

3. El mono reconoce al ladrón. _____

4. La señora reconoce al ladrón.
   —Sí, él es el ladrón. _____

Ejercicio 9. Mire, escuche y lea. Lea las frases otra vez y escriba el número del dibujo en el espacio en blanco correspondiente.

1. El hombre entra en el restaurante. _____

2. Está dentro del restaurante.
   El tiene el sombrero puesto. _____

3. Se quita el sombrero. _____

4. Se sienta. _____

5. El camarero trae el menú. _____

6. Le da el menú al hombre. _____

Ejercicio 10. Mire, escuche y lea. Lea las frases otra vez y escriba el número del dibujo en el espacio en blanco correspondiente.

1. El camarero pone el cubierto y una servilleta en la mesa. _____

2. El hombre se pone la servilleta sobre las piernas. _____

3. El camarero lleva un vaso de agua en una bandeja. _____

4. Derrama el vaso de agua sobre el hombre. _____

5. El hombre se levanta. _____

6. Está enojado. Al camarero le da vergüenza. _____

Ejercicio 11. Mire, escuche y lea. Lea las frases otra vez y escriba el número del dibujo en el espacio en blanco correspondiente.

1. El hombre se sienta otra vez. _____

2. Todos se ríen. _____

3. El camarero entra en la cocina. _____

4. Ahora, el camarero lleva otro vaso de agua en la bandeja. _____

5. El hombre se levanta otra vez. _____

6. El camarero pone el vaso de agua en la mesa. _____

Ejercicio 12. Mire, escuche y lea. Lea las frases otra vez y escriba el número del dibujo en el espacio en blanco correspondiente.

1. El hombre está bebiendo el vaso de agua. _____

2. El camarero pone el pan y la mantequilla en la mesa. _____

3. Después, el camarero va a la cocina. _____

4. Entra en la cocina. _____

5. En la cocina, pone un tazón de sopa en la bandeja. _____

6. El camarero lleva el tazón de sopa en la bandeja. _____

Ejercicio 13. Mire, escuche y lea. Lea las frases otra vez y escriba el número del dibujo en el espacio en blanco correspondiente.

1. El camarero derrama la sopa en la camisa del hombre. _____

2. El hombre se levanta otra vez. Está enojado. Al camarero le da vergüenza. _____

3. El camarero recoge el tazón. _____

4. Pone el tazón en la bandeja. _____

5. Lleva la bandeja a la cocina. _____

6. En la cocina, el camarero pone otro tazón de sopa en la bandeja. _____

Ejercicio 14. Mire, escuche y lea. Lea las frases otra vez y escriba el número del dibujo en el espacio en blanco correspondiente.

1. El camarero lleva el tazón de sopa en la bandeja. _____

2. El hombre ve al camarero. _____

3. Se levanta otra vez. _____

4. El camarero pone el tazón de sopa en la mesa. _____

5. El hombre se sienta otra vez. _____

6. El hombre toma su sopa. Todos se ríen. _____

Ejercicio 15. Mire, escuche y lea. Lea las frases otra vez y escriba el número del dibujo en el espacio en blanco correspondiente.

1. El camarero lleva un plato de carne, patatas y zanahorias. _____

2. Se le cae la bandeja con la carne, las patatas y las zanahorias sobre el hombre. _____

3. El hombre se levanta. Está enojado. Al camarero le da vergüenza. _____

4. El camarero corre a la cocina. _____

5. Entra en la cocina corriendo. _____

6. El hombre se marcha del restaurante. Tiene comida en la camisa y en los pantalones. _____

Ejercicio 16. Mire, escuche y lea. Lea las frases otra vez y escriba el número del dibujo en el espacio en blanco correspondiente.

1. Hay dos hombres comiendo en el restaurante. _____

2. El hombre de la nariz larga se quita el sombrero.
   Tiene un pájaro en la cabeza. _____

3. Todos se ríen. _____

4. El camarero trae el postre. Lleva el postre en una bandeja. _____

5. Los hombres están comiendo helado y torta. _____

6. El hombre de las orejas grandes se quita el sombrero.
   Lleva dinero encima de la cabeza. _____

7. Pone el dinero en la mesa. _____

8. Los hombres se levantan. _____

9. Se marchan del restaurante. _____

Ejercicio 17. Mire, escuche y lea. Lea las frases otra vez y escriba el número del dibujo en el espacio en blanco correspondiente.

1. El bombero va hacia el incendio. _____

2. El bombero viene hacia el incendio. _____

3. El piloto viene hacia el avión. _____

4. El piloto va hacia el avión. _____

Ejercicio 18. Mire, escuche y lea. Lea las frases otra vez y escriba el número del dibujo en el espacio en blanco correspondiente.

1. —Tengo fiebre. _____

2. —Ella tiene fiebre. _____

3. —Yo estoy bebiendo leche. Mi madre está bebiendo café. _____

4. —Yo estoy comiendo un huevo. Mi padre está comiendo una manzana. _____

5. —Yo estoy comprando zapatos. Ella está comprando un vestido. _____

6. —Yo estoy de pie. El está sentado. _____

Ejercicio 19. Mire, escuche y lea. Lea el párrafo otra vez y conteste las preguntas.

El policía está de pie junto al automóvil del ladrón. Hay un pájaro, un perro y un pescado encima del automóvil del ladrón. El ladrón está comiendo una manzana. El policía está comiendo el postre. El postre es helado y torta. Hay un pasajero sentado en el automóvil del ladrón.

1. ¿Dónde está el pasajero?

2. ¿Dónde está el perro?

3. ¿Dónde está el ladrón?

4. ¿Dónde está el policía?

5. ¿Dónde está el pescado?

Ejercicio 20. Mire, escuche y lea. Lea las palabras otra vez y escriba el número del dibujo en el espacio en blanco correspondiente.

1. Las ventanas de la casa _____

2. La comisaría _____

3. Una habitación de la casa _____

4. El techo de la habitación _____

5. El suelo del autobús _____

6. La puerta de la casa _____

7. El árbol junto a la casa _____

8. Dentro de la tienda de ropas _____

9. Dentro de la tienda de comida _____

Ejercicio 21. Mire, escuche y lea. Lea las palabras otra vez y escriba el número del dibujo en el espacio en blanco correspondiente.

1. La camisa _____

2. El vestido _____

3. La camiseta _____

4. La corbata _____

5. La chaqueta _____

6. Los calzoncillos _____

7. Los zapatos _____

8. Los pantalones _____

9. El sombrero _____

50

Ejercicio 22. Mire, escuche y lea. Lea las palabras otra vez y escriba el número del dibujo en el espacio en blanco correspondiente.

1. La manzana _____

2. El huevo _____

3. El pescado _____

4. La carne _____

5. El pan _____

6. La banana _____

7. El café _____

8. Los espaguetis _____

9. El helado _____

10. La papa _____

11. La mantequilla _____

12. Las zanahorias _____

13. El agua _____

14. La torta _____

15. La sopa _____

16. El tenedor _____

17. El cuchillo _____

18. El tazón _____

19. La cuchara _____

20. La servilleta _____

Ejercicio 23. Mire, escuche y lea. Lea las frases otra vez y escriba el número del dibujo en el espacio en blanco correspondiente.

1. La señora gorda está comiendo carne. _____

2. La señora está bebiendo leche. _____

3. La señora delgada está caminando. _____

4. La niña está corriendo. _____

5. Trae la carne. _____

6. Está sirviendo la carne. _____

7. Ella lleva el vaso. _____

8. La señora maneja el automóvil. _____

9. Ella está pilotando el avión. _____

10. Ve al perro. _____

11. Se ríe. _____

12. Ella entra en el automóvil. _____

13. Sale del automóvil. _____

14. Ella está llorando. _____

15. Ella le pone el termómetro a la niña en la boca. _____

16. Ella besa al hombre. _____

17. La niña deja caer el vaso. _____

18. Recoge el vaso. _____

19. Ella está durmiendo. _____

20. Ella abre la puerta. _____

52

Ejercicio 24. **Mire, escuche y lea.** Lea las frases otra vez y escriba el número del dibujo en el espacio en blanco correspondiente.

1. El entra en el restaurante. _____

2. Se marcha del restaurante. _____

3. Se quita la chaqueta. _____

4. Se pone la chaqueta. _____

5. Anda a gatas debajo de la cama. _____

6. El le da el menú a la señora. _____

7. El derrama la leche sobre la mesa. _____

8. Limpia la leche. _____

9. Tira la manzana. _____

10. El viene hacia el automóvil del hombre. _____

11. El va hacia el automóvil del hombre. _____

12. El se vuelve. _____

13. Mira al perro. _____

14. El mira debajo de la mesa. _____

15. El quiere una taza de café. _____

16. El compra una camisa. _____

Ejercicio 25. Mire, escuche y lea. Lea las frases otra vez y escriba el número del dibujo en el espacio en blanco correspondiente.

1. El pasajero está sentado. _____

2. El avión despega. _____

3. El pasajero se levanta. _____

4. Toma una manzana. _____

5. El mono toma una manzana también. _____

6. Ahora, el mono toca el libro del hombre. _____

7. Al pasajero se le cae el vaso de la bandeja. _____

8. Hay un ladrón sentado junto al pasajero. _____

9. El hombre golpea al ladrón con la bandeja. _____

10. El avión aterriza. _____

11. El pasajero y el ladrón están en la comisaría. _____

12. El pasajero reconoce al ladrón. _____

Ejercicio 26. Ejercicio de completar. Escriba la palabra correcta en el espacio en blanco correspondiente.

se quita   ladrón
los   déme
yo   se le caen

1. El _____ tiene un antifaz.

2. _____ estoy bebiendo leche.

3. El _____ el antifaz.

4. _____ la pistola.

5. _____ pantalones están sobre la silla.

Repaso 1. Mire, escuche y lea.

1. La señora tiene la nariz pequeña y los ojos grandes.

2. Se pone un anillo en el dedo.

3. Se pone un collar alrededor del cuello.

4. Se pone un sombrero en la cabeza.

5. Sus manos son pequeñas.

6. Ella maneja su automóvil hacia el banco.

Repaso 2. Mire, escuche y lea.

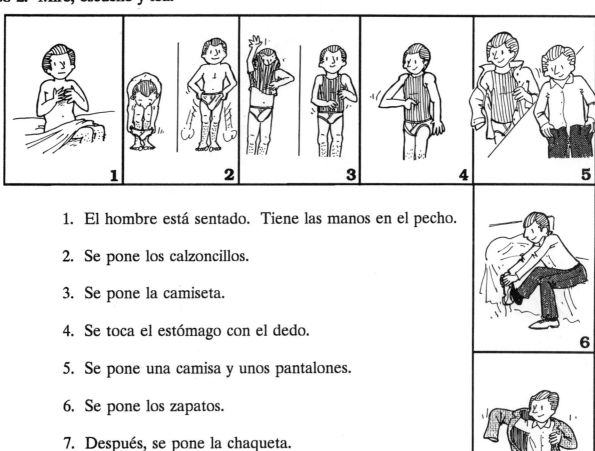

1. El hombre está sentado. Tiene las manos en el pecho.

2. Se pone los calzoncillos.

3. Se pone la camiseta.

4. Se toca el estómago con el dedo.

5. Se pone una camisa y unos pantalones.

6. Se pone los zapatos.

7. Después, se pone la chaqueta.

8. Tiene dinero en la billetera.

9. Abre la caja fuerte.

10. La caja fuerte está abierta. Hay dinero en la caja.

11. Se marcha de su casa.

12. Camina hacia el banco. Está comiendo una manzana.

13. Ve unas nubes junto al sol.

14. Ve el banco.

Repaso 3. Mire, escuche y lea.

1. La señora es una clienta. Entra en el banco.

2. El hombre es un cliente. Entra en el banco.

3. Los ladrones salen de su automóvil.

4. Se les caen los antifaces. Una señora les ve la cara.

5. La señora recoge los antifaces.

6. Les da los antifaces a los ladrones.

7. Los ladrones se ponen los antifaces.

8. Entran en el banco.

9. Los clientes y los empleados ponen las manos arriba.

10. Una señora con un sombrero en la cabeza anda a gatas debajo de la mesa.

11. La cajera y el cajero tienen las manos arriba. —¡Abra la caja! ¡Déme el dinero!

12. El cajero del banco abre la caja. El cajero es un empleado del banco.

13. El cajero le da el dinero al ladrón.

14. Un cliente golpea al ladrón gordo en el estómago.

15. Una empleada le da una bofetada al ladrón delgado. Ella es la cajera.

16. La policía entra en el banco.

17. Un policía dice:
    —Arriba las manos.

18. Los policías llevan a los ladrones al automóvil de la policía.

Repaso 4. Mire, escuche y lea.

1. Una señora entra en una joyería. La joyería está junto al banco.

2. —Quiero ver algunos collares.

3. La vendedora pone los collares sobre el mostrador.

4. La señora mira uno de los collares.

5. —¡No!

6. Se marcha de la joyería.

Repaso 5. Mire, escuche y lea.

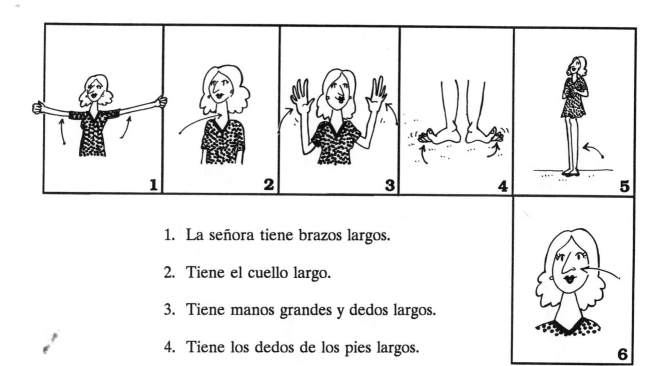

1. La señora tiene brazos largos.

2. Tiene el cuello largo.

3. Tiene manos grandes y dedos largos.

4. Tiene los dedos de los pies largos.

5. Tiene piernas largas.

6. Tiene la nariz larga.

Repaso 6. Mire, escuche y lea.

1. El pájaro puede volar.

2. El perro no puede volar.

3. El gato no puede volar.

4. El piloto puede pilotar el avión.

Repaso 7. Mire, escuche y lea.

1. —Quiero ver su collar.

2. Ella le muestra su collar a la otra señora.

3. —Quiero ver su anillo.

4. Ella le muestra su anillo a la otra señora.

Ejercicio de ampliación 1. Mire, escuche y lea.

1. Ella se pone el collar alrededor del cuello.

2. El le pone el collar alrededor del cuello.

3. El perro tiene un collar alrededor del cuello.

4. El collar, el reloj de pulsera y el anillo son joyas.

Ejercicio de ampliación 2. Mire, escuche y lea.

1. El tiene dinero en la billetera.

2. Ella tiene un anillo en el dedo.

3. Ella tiene un anillo en el dedo del pie.

Ejercicio de ampliación 3. Mire, escuche y lea.

1. Las joyas están encima del mostrador.

2. Los empleados están en la joyería.

3. Un cliente entra en la joyería.

Ejercicio de ampliación 4. Mire, escuche y lea.

1. El ladrón toca a la señora.

2. La señora le da una bofetada al ladrón.

3. El hombre golpea al ladrón en el estómago.

Ejercicio de ampliación 5. Mire, escuche y lea.

1. —Su perro es pequeño.

2. —Su perro es grande.

3. —Mi gato es grande.

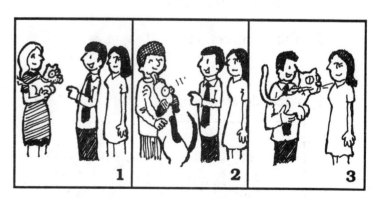

Ejercicio de ampliación 6. Mire, escuche y lea.

1. El está sentado.

2. El está de pie.

3. El está echado.

Ejercicio de ampliación 7. Mire, escuche y lea.

1. Ella se pone el anillo.   2. Ella se quita el anillo.   3. Ella se pone otro anillo.

Ejercicio de ampliación 8. Mire, escuche y lea.

1. El hombre y la señora están comiendo helado.

2. Están bebiendo café.

3. Se están riendo.

4. El hombre le toca la mano.

5. Ella le toca la cara.

6. Después, se ríen.

Ejercicio de ampliación 9. Mire, escuche y lea.

1. Los niños y las niñas están bebiendo leche.

2. La madre pone una torta en la mesa.

3. Ahora, los niños y las niñas están comiendo su torta.

Ejercicio de ampliación 10. Mire, escuche y lea.

1. —Mi perro.

2. —Tu perro.

3. —Su perro.

4. —Su perro.

5. —Su perro.

64

Ejercicio de ampliación 11. Mire, escuche y lea.

1. —Yo tengo zapatos grandes.
   Mis zapatos son grandes.

2. —Usted tiene zapatos pequeños.
   Sus zapatos son pequeños.

3. —Usted tiene zapatos pequeños.
   Sus zapatos son pequeños.

4. —Sus zapatos son grandes.

5. —Usted tiene un sombrero grande.
   Su sombrero es grande.

6. —Usted tiene un sombrero grande. Su sombrero es grande.

7. —Yo tengo una chaqueta grande. Mi chaqueta es demasiado grande.

8. —Sí, su chaqueta es demasiado grande y mi camisa es demasiado pequeña.

9. —Mi chaqueta es demasiado grande.

10. —Sí, tu chaqueta es demasiado grande y mi camisa es demasiado pequeña.

Ejercicio de ampliación 12. Mire, escuche y lea.

1. —Mis zapatos son grandes.

2. —Sus zapatos son pequeños.

3. —Sus zapatos son pequeños.

4. —Sus zapatos son pequeños.

5. —Mis zapatos son grandes.

6. —Tus zapatos son pequeños.

7. —Tus zapatos son pequeños.

8. —Sus zapatos son grandes.

9. —Tu sombrero es grande.

10. —Tu sombrero es grande.

11. —Tu sombrero es grande.

12. —Tu sombrero es grande.

13. —Mi chaqueta es demasiado grande.

14. —Sí, su chaqueta es demasiado grande y mi camisa es demasiado pequeña.

15. —Mi chaqueta es demasiado grande.

16. —Sí, tu chaqueta es demasiado grande y mi camisa es demasiado pequeña.

Ejercicio de ampliación 13. Mire, escuche y lea.

1. —Tengo un mono.

2. —¿Puedo tocar al mono?

3. —Sí, puedes tocar al mono.

   El toca al mono.

4. El mono toma su billetera.

5. El hombre se enoja.

6. El mono le da la billetera a otro hombre.

Ejercicio de ampliación 14. Mire, escuche y lea.

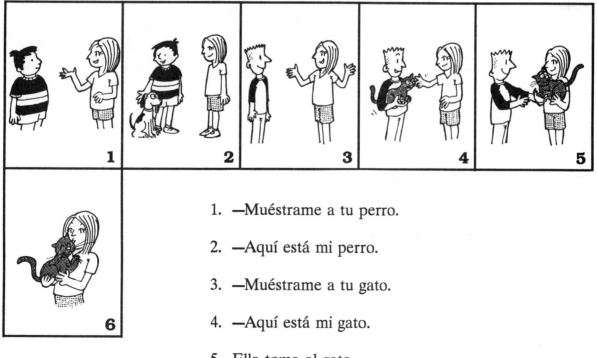

1. —Muéstrame a tu perro.

2. —Aquí está mi perro.

3. —Muéstrame a tu gato.

4. —Aquí está mi gato.

5. Ella toma al gato.

6. Le da un beso al gato.

Ejercicio 1. Mire, escuche y lea. Lea las frases otra vez y escriba el número del dibujo en el espacio en blanco correspondiente.

1. El padre y el hijo entran en la joyería. _____

2. Hay unos relojes en el mostrador. _____

3. Hay anillos y collares en el mostrador. _____

4. El padre mira el reloj en el mostrador. _____

5. Le da el dinero al vendedor. _____

6. El vendedor le da el reloj al padre. _____

Ejercicio 2. Mire, escuche y lea. Lea las frases otra vez y escriba el número del dibujo en el espacio en blanco correspondiente.

1. Ella se pone un reloj. _____

2. Se quita el reloj. _____

3. Saca otro reloj. _____

Ejercicio 3. Mire, escuche y lea. Lea las frases otra vez y escriba el número del dibujo en el espacio en blanco correspondiente.

1. Ella saca un anillo. _____

2. Se pone el anillo en el dedo del pie. _____

3. Su madre se ríe y dice: —No, en el dedo del pie, no. ¡En el dedo de la mano! _____

Ejercicio 4. Mire, escuche y lea. Lea las frases otra vez y escriba el número del dibujo en el espacio en blanco correspondiente.

1. El está poniendo mantequilla en el pan. _____

2. Ella está poniendo mantequilla en el pan. _____

3. Están poniendo mantequilla en el pan. _____

Ejercicio 5. Mire, escuche y lea. Lea las frases otra vez y escriba el número del dibujo en el espacio en blanco correspondiente.

1. —Yo tengo un gato. _____

2. —Yo tengo un perro. _____

3. —Tienen un perro. _____

Ejercicio 6. Mire, escuche y lea. Lea las frases otra vez y escriba el número del dibujo en el espacio en blanco correspondiente.

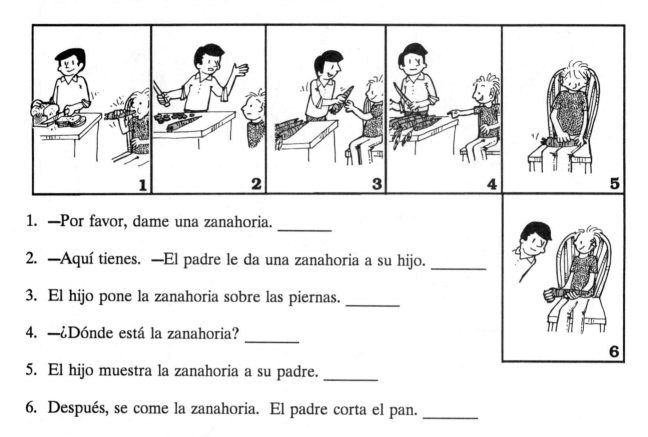

1. —Por favor, dame una zanahoria. _____

2. —Aquí tienes. —El padre le da una zanahoria a su hijo. _____

3. El hijo pone la zanahoria sobre las piernas. _____

4. —¿Dónde está la zanahoria? _____

5. El hijo muestra la zanahoria a su padre. _____

6. Después, se come la zanahoria. El padre corta el pan. _____

Ejercicio 7. Mire, escuche y lea. Lea las frases otra vez y escriba el número del dibujo en el espacio en blanco correspondiente.

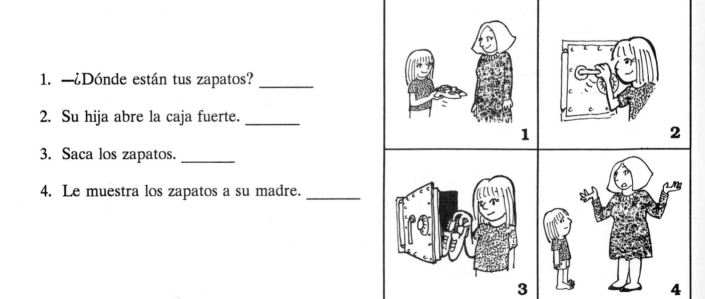

1. —¿Dónde están tus zapatos? _____

2. Su hija abre la caja fuerte. _____

3. Saca los zapatos. _____

4. Le muestra los zapatos a su madre. _____

Ejercicio 8. Mire, escuche y lea. Lea las frases otra vez y escriba el número del dibujo en el espacio en blanco correspondiente.

1. El hombre gordo y el hombre delgado están comiendo en un restaurante. _____

2. El hombre gordo está comiendo espaguetis y el hombre delgado está comiendo una manzana. _____

3. —Usted es gordo. Yo soy delgado. _____

4. El camarero sirve helado y torta al hombre gordo y una taza de café al hombre delgado. _____

5. El hombre delgado dice otra vez:
   —Yo soy delgado. Usted es gordo. _____

6. El hombre gordo dice:
   —Tienes la cara delgada. _____

7. —Tienes piernas delgadas. _____

8. —Tienes brazos delgados. _____

9. —Tienes los dedos delgados. _____

Ejercicio 9. Mire, escuche y lea. Lea las frases otra vez y escriba el número del dibujo en el espacio en blanco correspondiente.

1. El hombre gordo dice:
   —Sí, soy gordo. _____

2. —Mi perro es gordo. _____

3. —Mi gato es gordo. _____

4. —Su perro es delgado. _____

5. —Su gato es delgado. _____

6. —Mi hijo es gordo. _____

7. —Su hijo es delgado. _____

8. —Mi hija es gorda. _____

9. —Sí, su hija es gorda. Está comiendo espaguetis. _____

Ejercicio 10. Mire, escuche y lea. Lea las frases otra vez y escriba el número del dibujo en el espacio en blanco correspondiente.

1. Ella va hacia la caja fuerte. _____

2. Abre la caja. _____

3. Saca dinero. _____

4. Compra joyas en la joyería. _____

5. Compra ropas en la tienda de ropas. _____

6. Compra comida en la tienda. _____

Ejercicio 11. **Mire, escuche y lea. Lea las frases otra vez y escriba el número del dibujo en el espacio en blanco correspondiente.**

1. El hombre pone su billetera, su anillo y su reloj sobre la mesa. _____

2. La señora pone su sombrero, su anillo y su reloj sobre la mesa. _____

3. Su mono está durmiendo. _____

4. El hombre está cortando pan y la señora está bebiendo un vaso de leche. _____

5. El hombre está poniendo mantequilla en el pan y la señora está comiendo un huevo. _____

6. El mono ve la billetera, el sombrero, los anillos y los relojes. _____

7. Se levanta. _____

8. Se pone de pie sobre la silla. _____

9. Deja caer la billetera al suelo. _____

10. Se pone los relojes en el brazo. _____

11. Se pone los anillos en los dedos. _____

12. Se pone el sombrero en la cabeza. _____

13. Toma la billetera. _____

14. El mono se marcha de la casa. _____

15. Va a la tienda. _____

16. Compra una banana. _____

Ejercicio 12. Mire, escuche y lea. Lea las frases otra vez y escriba el número del dibujo en el espacio en blanco correspondiente.

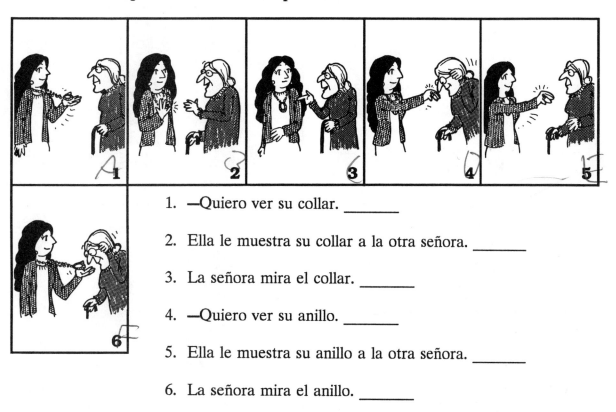

1. —Quiero ver su collar. _____

2. Ella le muestra su collar a la otra señora. _____

3. La señora mira el collar. _____

4. —Quiero ver su anillo. _____

5. Ella le muestra su anillo a la otra señora. _____

6. La señora mira el anillo. _____

Ejercicio 13. Mire, escuche y lea. Lea las frases otra vez y escriba el número del dibujo en el espacio en blanco correspondiente.

1. —¿Puedo beber un vaso de leche?

—Sí. _____

2. La madre le da un vaso de leche al hijo. _____

3. El hijo toma el vaso. _____

4. Bebe la leche. _____

5. Después, el hijo pone el vaso sobre la mesa, junto al plato. _____

6. —¿Puedo comer helado?

—¡No! Aquí tienes una banana. _____

Ejercicio 14. Mire, escuche y lea. Lea las frases otra vez y escriba el número del dibujo en el espacio en blanco correspondiente.

1. Hay una señora en la joyería. _____

2. La señora dice:
   —Quiero ver unos collares.

   La vendedora dice:
   —Aquí tiene algunos collares. _____

3. La vendedora pone los collares en el mostrador. _____

4. —¿Puedo ponerme este collar alrededor del cuello?

   —Sí. _____

5. La señora se pone el collar alrededor del cuello. _____

6. Después, ella compra el collar. _____

Ejercicio 15. Mire, escuche y lea. Lea el párrafo otra vez y conteste las preguntas.

Hay dos ladrones en el banco. La caja fuerte está abierta. Hay dinero en la caja fuerte.
El ladrón del cuello largo está poniendo el dinero en su sombrero. Un empleado del banco,
el cajero, está golpeando al ladrón en la cabeza con una botella de leche. Hay una clienta
de pie junto a su perro. Ella le tira huevos al ladrón gordo. El mono está de pie junto al
perro de la señora.

Preguntas

1. ¿Dónde están los ladrones?

2. ¿Dónde está el dinero?

3. ¿Dónde está el sombrero del ladrón del cuello largo?

4. ¿Dónde está el mono?

5. ¿Dónde está la señora?

Ejercicio 16.   Ejercicio de completar. Escriba la palabra correcta en el espacio en blanco correspondiente.

él   pone
la   hombre
tiene   las

1. La señora tiene puesto un sombrero en _____ cabeza.

2. El _____ tiene puesto un sombrero en la cabeza.

3. _____ tiene una billetera.

4. El hombre y la señora ponen _____ manos arriba.

5. El mono _____ una banana.

Ejercicio 17.   Ejercicio de completar. Escriba la palabra correcta en el espacio en blanco correspondiente.

es   yo
tu   están
dame   después

1. El perro _____ grande.

2. _____ tengo un gato.

3. Sus zapatos _____ debajo de la mesa.

4. —Quiero _____ cubierto.

5. —_____ tu cubierto.

Lección 14

Repaso 1. Mire, escuche y lea.

1. La niña ve un gato en la calle.

2. Levanta al gato del suelo.

3. Lleva al gato a su casa.

4. Entra en su casa.

5. Pone al gato debajo de la cama.

6. —¿Qué hay debajo de la cama?

7. —¿Debajo de mi cama?

   —Sí.

   —Hay un gato. Lo encontré en la calle.

8. —¿Puedo quedarme con él?

9. —Sí, puedes quedarte con él.

Repaso 2. Mire, escuche y lea.

1. La madre toca al gato. El mono toca al gato. El mono está imitando a la madre.

2. Ella acaricia al gato. El mono acaricia al gato. El mono está imitando a la madre.

3. El padre maneja su automóvil. El mono imita al padre.

Repaso 3. Mire, escuche y lea.

1. —¿Qué tienes en las manos?

2. —Un gusano.

3. —¿Qué más tienes en la mano?

4. —Otro gusano.

5. —¡Lleva los gusanos fuera!

6. La niña lleva los gusanos fuera.

7. Deja los gusanos en el suelo.

8. Entra en la casa.

9. Está dentro de la casa. Está en el cuarto de estar.

Repaso 4. Mire, escuche y lea.

1. Ahora, ella está en la cocina. Hay una cafetera con café en la mesa.

2. —¿Qué estás comiendo?

   —Estoy comiendo una manzana.

3. —¿Puedo comer una?

   —Sí, aquí hay una manzana para ti.

Ejercicio de ampliación 1. Mire, escuche y lea.

1. —Por favor, siéntese.

2. —Doctor, me duele el cuello y tengo fiebre.

3. —Póngase de pie delante de la mesa, por favor.

4. El hombre se pone de pie detrás de la mesa.

5. —Usted está detrás de la mesa. Por favor, póngase delante de la mesa.

6. El hombre se pone de pie junto a la mesa.

7. —Usted está junto a la mesa. Por favor, póngase delante de la mesa.

8. El hombre se pone delante de la mesa.

9. —Ahora, usted está delante de la mesa.

1. —El es grande y yo soy pequeño.

2. —Quiero el lápiz.

3. Ella le da el lápiz.

4. —Soy médico.

5. —El es médico. Yo soy un niño.

6. —Estoy enfermo.

7. —Tú eres un niño. Yo soy una niña.

8. —Usted es una señora. Yo soy un señor.

9. —Usted es alto.

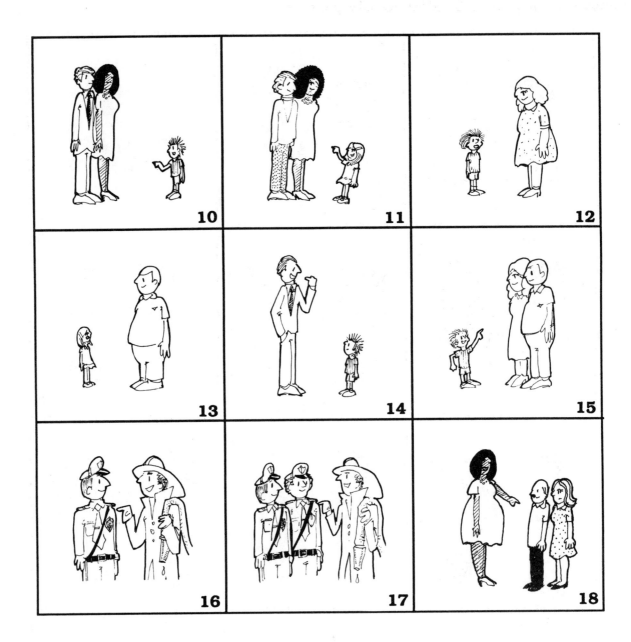

10. —Ustedes son altos.

11. —Ustedes son altos.

12. —Yo soy pequeño. Usted es grande.

13. —Yo soy pequeña. Usted es grande.

14. —Yo soy grande y tú eres pequeño.

15. —Yo soy pequeño y ustedes son grandes.

16. —Usted es policía y yo soy bombero.

17. —Ustedes son policías y yo soy bombero.

18. —Ustedes son pequeños y yo soy grande.

Ejercicio de ampliación 3. Mire, escuche y lea.

1. El la toca.	5. —Dale el vaso.	9. Ella le da el vaso.
2. El lo toca.	6. El le da el vaso.	10. Ella toma el vaso.
3. Ella la toca.	7. —Déme el vaso.	11. —Déle el vaso.
4. Ella lo toca.	8. El le da el vaso.	12. Ella le da el vaso.

Ejercicio de ampliación 4. Mire, escuche y lea.

1. El avión despega.

2. —Veo el avión.

3. —Veo las nubes. El piloto
   pilota el avión debajo de
   las nubes.

4. —Este es mi libro.

5. —Ese es su libro.

6. —Ese es su libro.

Ejercicio de ampliación 5. Mire, escuche y lea.

1. El está dentro de la casa.

2. El está fuera de la casa.

3. Ella está dentro del automóvil.

4. Ella está fuera del automóvil.

5. El automóvil está dentro de la casa.

6. El automóvil está fuera de la casa.

Ejercicio de ampliación 6. Mire, escuche y lea.

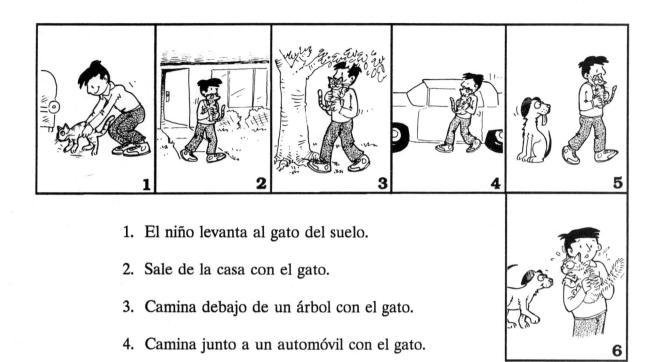

1. El niño levanta al gato del suelo.

2. Sale de la casa con el gato.

3. Camina debajo de un árbol con el gato.

4. Camina junto a un automóvil con el gato.

5. El perro ve al gato.

6. El gato ve al perro.

Ejercicio de ampliación 7. Mire, escuche y lea.

1. El hombre se cae.

2. El hombre está echado en el suelo.

3. El hombre se levanta.

4. El hombre se sienta.

Ejercicio de ampliación 8. Mire, escuche y lea.

1. —Este es mi libro.

2. —Ese es tu libro.

3. —Esta es mi chaqueta.

4. —Ese es tu vestido.

5. —¿Qué es eso?

6. —Es un gusano.

7. —¿Qué es eso?

8. —Es un pájaro.

Ejercicio de ampliación 9. Mire, escuche y lea.

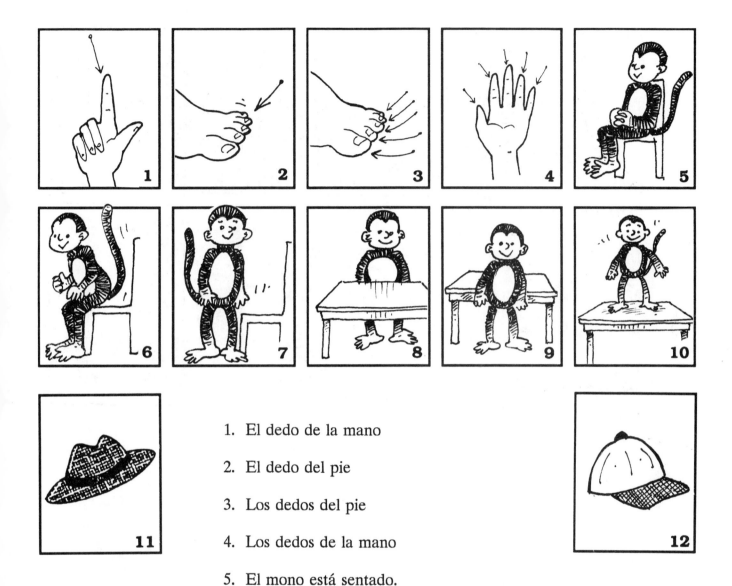

1. El dedo de la mano

2. El dedo del pie

3. Los dedos del pie

4. Los dedos de la mano

5. El mono está sentado.

6. Se levanta.

7. Está de pie.

8. Está de pie detrás de la mesa.

9. Ahora, está de pie delante de la mesa.

10. Ahora, está de pie sobre la mesa.

11. El sombrero

12. La gorra

Ejercicio de ampliación 10. Mire, escuche y lea.

1. La esposa está en el cuarto de estar.

2. El esposo está en el cuarto de estar.

3. Besa a la esposa.

Ejercicio de ampliación 11. Mire, escuche y lea.

1. —Ahí está mi mono.

2. —Ahí está mi gato.

3. —Ahí está mi perro.

Ejercicio 1. Mire, escuche y lea. Lea las frases otra vez y escriba el número del dibujo en el espacio en blanco correspondiente.

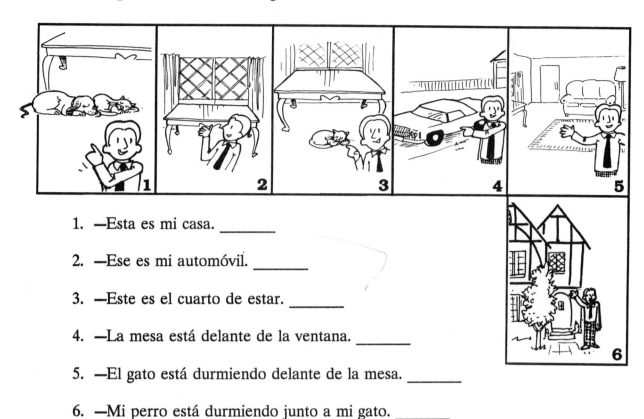

1. —Esta es mi casa. _____

2. —Ese es mi automóvil. _____

3. —Este es el cuarto de estar. _____

4. —La mesa está delante de la ventana. _____

5. —El gato está durmiendo delante de la mesa. _____

6. —Mi perro está durmiendo junto a mi gato. _____

Ejercicio 2. Mire, escuche y lea. Lea las frases otra vez y escriba el número del dibujo en el espacio en blanco correspondiente.

1. —Esta es la cocina. _____

2. —Mi hija está bebiendo leche. _____

3. —Los cubiertos y las servilletas están en la mesa. _____

4. —En la mesa hay unos tazones y una botella. _____

5. —Yo duermo en esta habitación. Esa es mi cama. _____

6. —Esta es mi cama. _____

Ejercicio 3. Mire, escuche y lea. Lea las frases otra vez y escriba el número del dibujo en el espacio en blanco correspondiente.

1. —Mi reloj, mi collar y mi anillo están en la mesa, junto a mi cama. _____

2. —Mi hija duerme en esta habitación. Ella está echada encima de la cama. _____

3. —¿Qué es eso? _____

4. —Es la fotografía de mi mono. _____

5. —Ahí está mi mono. _____

6. El mono tiene una banana y la billetera del padre. _____

Ejercicio 4. Mire, escuche y lea. Lea las frases otra vez y escriba el número del dibujo en el espacio en blanco correspondiente.

1. El perro ve al gato. _____

2. El gato ve al pájaro. _____

3. El pájaro ve al gusano. _____

Ejercicio 5. Mire, escuche y lea. Lea las frases otra vez y escriba el número del dibujo en el espacio en blanco correspondiente.

1. El automóvil está fuera de la casa. _____

2. El automóvil está dentro de la casa. _____

3. El automóvil está fuera de la casa. Se cae al agua. _____

Ejercicio 6. Mire, escuche y lea. Lea las frases otra vez y escriba el número del dibujo en el espacio en blanco correspondiente.

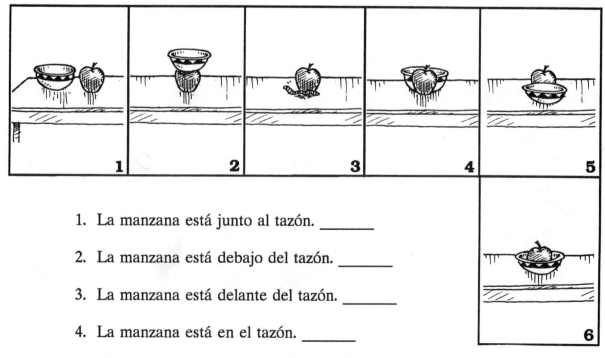

1. La manzana está junto al tazón. _____

2. La manzana está debajo del tazón. _____

3. La manzana está delante del tazón. _____

4. La manzana está en el tazón. _____

5. La manzana está detrás del tazón. _____

6. El gusano está delante de la manzana. _____

Ejercicio 7. Mire, escuche y lea. Lea las frases otra vez y escriba el número del dibujo en el espacio en blanco correspondiente.

1. El mono está en el tazón. _____

2. El mono está delante del tazón. _____

3. El mono está detrás del tazón. _____

Ejercicio 8. Mire, escuche y lea. Lea las frases otra vez y escriba el número del dibujo en el espacio en blanco correspondiente.

1. —No veo la casa. _____

2. —Ponte las gafas. _____

3. Ella se pone las gafas. _____

4. —Ahora, sí veo la casa. _____

Ejercicio 9. Mire, escuche y lea. Lea las frases otra vez y escriba el número del dibujo en el espacio en blanco correspondiente.

1. —¿Dónde está el dinero? _____

2. —En este bolsillo. _____

3. El saca el dinero del bolsillo de la chaqueta. _____

Ejercicio 10. Mire, escuche y lea. Lea las frases otra vez y escriba el número del dibujo en el espacio en blanco correspondiente.

1. —¿Qué es esto?

   —Es mi automóvil. _____

2. —¿Qué es eso?

   —Es un gusano. _____

3. —¿Qué es eso?

   —Es una puerta. _____

Ejercicio 11. Mire, escuche y lea. Lea las frases otra vez y escriba el número del dibujo en el espacio en blanco correspondiente.

1. Este automóvil es nuevo. _____

2. Ese automóvil es viejo. _____

3. Esta casa es nueva. _____

4. Esa casa es vieja. _____

5. —¿Qué es esto?

   —Es un lápiz. _____

6. —¿Qué es eso?

   —Es un pájaro. _____

Ejercicio 12. Mire, escuche y lea. Lea las frases otra vez y escriba el número del dibujo en el espacio en blanco correspondiente.

1. —Mamá ¿puedo comer helado? _____

2. —Sí, puedes comer helado. _____

3. —¿Puedo comer más helado? _____

4. —No, no puedes comer más helado. Aquí tienes un vaso de agua. _____

5. El niño bebe el agua. _____

6. —Gracias. —Después, dice: —Quiero otro helado. ¿Puedo comer más? _____

Ejercicio 13. Mire, escuche y lea. Lea las frases otra vez y escriba el número del dibujo en el espacio en blanco correspondiente.

1. La niña ve dinero en la calle. _____

2. Recoge el dinero. _____

3. —Mamá, encontré dinero en la calle. _____

Ejercicio 14. Mire, escuche y lea. Lea las palabras otra vez y escriba el número del dibujo en el espacio en blanco correspondiente.

1. La cocina _____

2. La casa _____

3. El cuarto de estar _____

Ejercicio 15. Mire, escuche y lea. Lea las frases otra vez y escriba el número del dibujo en el espacio en blanco correspondiente.

1. —¿Qué estás comiendo?

   —Una zanahoria. _____

2. —¿Qué estás bebiendo?

   —Un vaso de leche. _____

3. —¿Qué estás comiendo?

   —Estoy comiendo una manzana. _____

4. —Hay un gusano en tu manzana. _____

5. Ella mira al gusano. _____

6. Tira la manzana al suelo. _____

Ejercicio 16. Mire, escuche y lea. Lea las frases otra vez y escriba el número del dibujo en el espacio en blanco correspondiente.

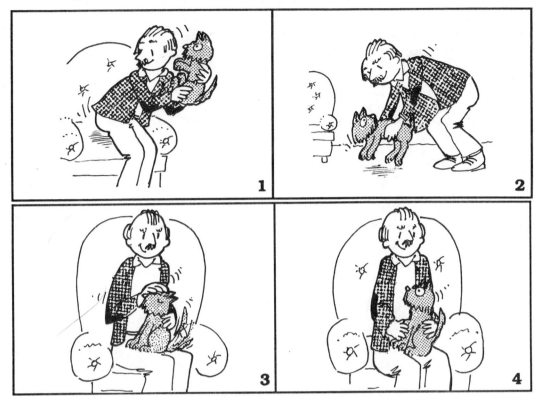

1. El levanta a su perro del suelo. _____

2. Se sienta. _____

3. Lo pone sobre las piernas. _____

4. Lo acaricia. _____

Ejercicio 17. Mire, escuche y lea. Lea las frases otra vez y escriba el número del dibujo en el espacio en blanco correspondiente.

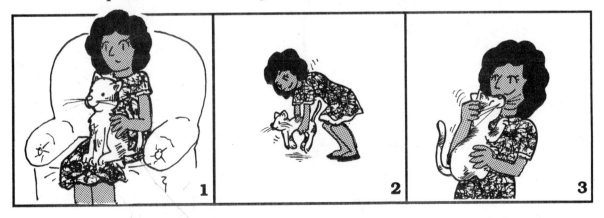

1. Ella levanta al gato del suelo. _____

2. Lo acaricia. _____

3. Lo pone sobre las piernas. _____

Ejercicio 18. Mire, escuche y lea. Lea las frases otra vez y escriba el número del dibujo en el espacio en blanco correspondiente.

1. El es el padre. _____

2. Ella es la madre. _____

3. El es el hijo. _____

4. Ella es la hija. _____

5. Ella es la madre y su esposa. _____

6. El besa a la esposa. _____

Ejercicio 19. **Mire, escuche y lea.** **Lea el párrafo otra vez y conteste las preguntas.**

El padre, la madre, el hijo y la hija están en el cuarto de estar. El padre y la madre están dando regalos al hijo y a la hija. El padre le da un avión al hijo y un automóvil a la hija. La madre le da un vestido a la hija y una chaqueta al hijo.

Preguntas

1. ¿En qué habitación están el padre, la madre, el hijo y la hija?

2. ¿Qué regalos tiene el hijo?

3. ¿Qué regalos tiene la hija?

Ejercicio 20. Mire, escuche y lea. Lea el párrafo otra vez y conteste las preguntas.

La cafetera está en la mesa. El bombero y la azafata están bebiendo café. El bombero está comiendo una banana y la azafata está comiendo un huevo. La azafata es la esposa del bombero. El camarero está de pie junto a la mesa del bombero y de la azafata.

Preguntas

1. ¿Dónde está la cafetera?

2. ¿Qué está comiendo la azafata?

3. ¿Qué está bebiendo la azafata?

4. ¿Qué está comiendo el bombero?

5. ¿Qué está bebiendo el bombero?

Ejercicio 21. Mire, escuche y lea. Lea las frases otra vez y escriba el número del dibujo en el espacio en blanco correspondiente.

1. —Yo tengo un perro.

   —Tu perro es grande. _____

2. —Tú tienes un gato.
   Tu gato es pequeño. _____

3. —Tu cafetera es grande.
   Mi cafetera es pequeña. _____

Ejercicio 22. Mire, escuche y lea. Lea las frases otra vez y escriba el número del dibujo en el espacio en blanco correspondiente.

1. La niña ve un gato en la calle. _____

2. Recoge al gato. _____

3. —Mamá ¿puedo quedarme con el gato? _____

4. —Sí, puedes quedarte con él. _____

5. —Papá, encontré este gato en la calle. ¿Puedo quedarme con él? _____

6. —Sí, puedes quedarte con él. —La niña acaricia al gato. _____

Ejercicio 23. Mire, escuche y lea. Lea las frases otra vez y escriba el número del dibujo en el espacio en blanco correspondiente.

1. La niña acaricia al gato. _____

2. Lo levanta del suelo. _____

3. Lo pone sobre las piernas. _____

4. Se quita el vestido. _____

5. Se duerme. _____

6. El gato está durmiendo en el suelo junto a su cama. _____

Ejercicio 24. Mire, escuche y lea. Lea las frases otra vez y escriba el número del dibujo en el espacio en blanco correspondiente.

1. El camarero sale de la cocina. _____

2. Lleva una bandeja con comida. _____

3. El camarero tropieza con la mesa. _____

4. Se le cae la bandeja. _____

5. Se cae al suelo. _____

6. La comida está desparramada por el suelo. _____

Ejercicio 25. Mire, escuche y lea. Lea el párrafo otra vez y conteste las preguntas.

Un hombre y una señora están comiendo en un restaurante. El hombre está comiendo espaguetis. La señora está sentada junto a él. Ella derrama el café encima del hombre. El hombre se enoja y a la señora le da vergüenza. Su bebé está debajo de la mesa. Un mono le da al bebé su biberón. La banana del mono está en el suelo junto a él. Hay un tenedor, un cuchillo y una cuchara delante de la banana. Hay un camarero de pie detrás de la mesa. Se está riendo.

Preguntas

1. ¿Qué está comiendo el hombre?

2. ¿Qué derrama la señora?

3. ¿Dónde está el mono?

4. ¿Qué hay detrás del cubierto?

5. ¿Dónde está el camarero?

Ejercicio 26. Mire, escuche y lea. Lea el párrafo otra vez y conteste las preguntas.

Una señora camina detrás de su perro. Está mirando las nubes. Un hombre viejo está mirando la casa grande. Hay árboles junto a la casa. Una madre y su hija salen de un automóvil grande. Hay un gato corriendo. Hay un niño echado en el suelo. El niño tiene un anillo en el dedo y una gorra en la cabeza. Tiene una billetera en el estómago y un lápiz y una toalla sobre el pecho. Un bombero está comiendo una banana y un piloto está bebiendo un vaso de agua. Hay una niña junto al bombero. Está enferma. Le duele el estómago. Un médico le pone el termómetro en la boca.

Preguntas

1. ¿Qué le pone el médico a la niña en la boca?

2. ¿Qué hay junto a la casa?

3. ¿Dónde está el perro?

4. ¿Qué hay sobre el pecho del niño?

5. ¿Qué están comiendo el bombero y el piloto?

Repaso 1. Mire, escuche y lea.

1. La señora y el bolso

2. —¿Qué tiene en el bolso?

3. —Un peine.

4. La señora pone el peine sobre la mesa.

5. —¿Qué más tiene en el bolso?

6. —Dinero y un collar.

7. —Aquí hay un frasco.

8. —¿Qué hay en el frasco?

9. —Hay un remedio.

10. —¿Qué es eso?

11. —Esto es un lápiz.

12. —¿Y eso?

13. —Es una pluma.

14. El niño escribe con la pluma.

15. —¿Qué más tiene en el bolso?

16. —Nada más.

Repaso 2. Mire, escuche y lea.

1. La niña sube las escaleras.

2. Entra en su habitación.

3. —¿Tienes algo en la mano?

4. —No, no tengo nada.

5. —Déjame ver la mano.

6. —Tienes un gusano.
   Ponlo en la botella.

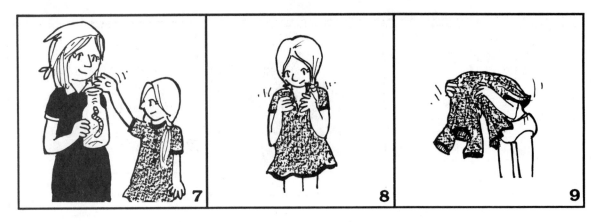

7. La niña pone el gusano en la botella.

8. La niña se desabotona el vestido.

9. Se quita el vestido.

Repaso 3. Mire, escuche y lea.

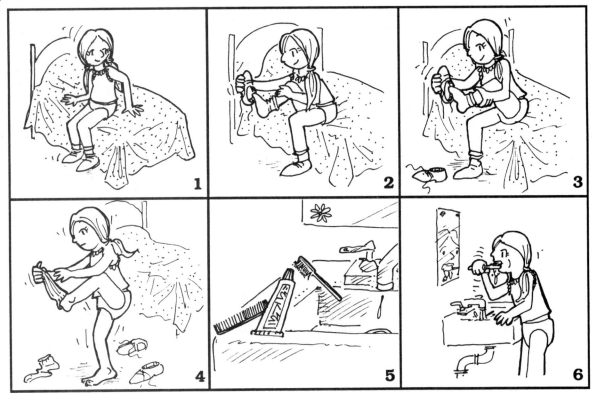

1. La niña está en el dormitorio. Ella se sienta en la cama.

2. Se quita un zapato.

3. Se quita el otro zapato.

4. Después, se quita los calcetines.

5. La pasta de dientes está junto al cepillo de dientes y el peine está junto a la pasta de dientes.

6. La niña se cepilla los dientes.

7. Se pone el pijama.

8. —Métete en la cama.

9. La niña corre abajo.

Repaso 4. Mire, escuche y lea.

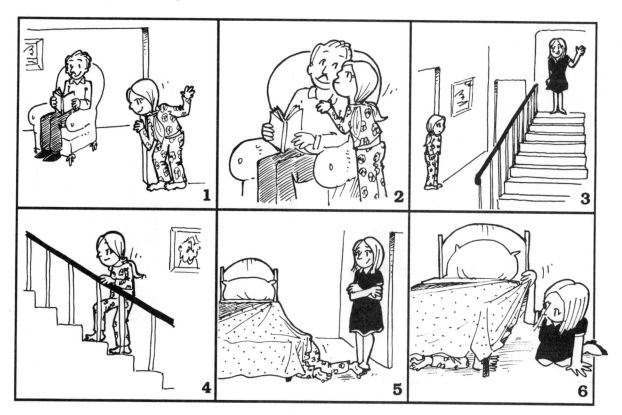

1. La niña ve al padre leyendo un libro.

2. Lo besa.

3. —Vete a la cama.

4. La niña sube las escaleras.

5. La madre la ve andando a gatas debajo de la cama.

6. Mira debajo de la cama.

7. La niña anda a gatas junto a la puerta.

8. —Métete en la cama.

9. La madre la lleva a la cama.

10. La niña se mete en la cama.

11. Su madre la besa.

12. Apaga la luz. La habitación está oscura.

Repaso 5. Mire, escuche y lea.

1. El padre vierte leche en un vaso. La puerta del frigorífico está abierta.

2. Cierra la puerta del frigorífico.

3. Lleva el vaso de leche arriba.

4. Lo pone en su habitación, encima de la mesa. El vaso de leche está junto a una moneda, un bolso, un cepillo, un botón y un peine.

5. En el cajón están sus pijamas, sus calzoncillos y sus camisetas.

6. El padre se quita la camisa.

114

Repaso 6. Mire, escuche y lea.

1. El niño abre la puerta de su casa.

2. Tira el mono.

3. El mono está comiendo una banana.

4. Después, tira la banana.

5. —¡No, no, no!

6. El mono se ríe.

7. El niño está enojado.

Ejercicio de ampliación 1. Mire, escuche y lea.

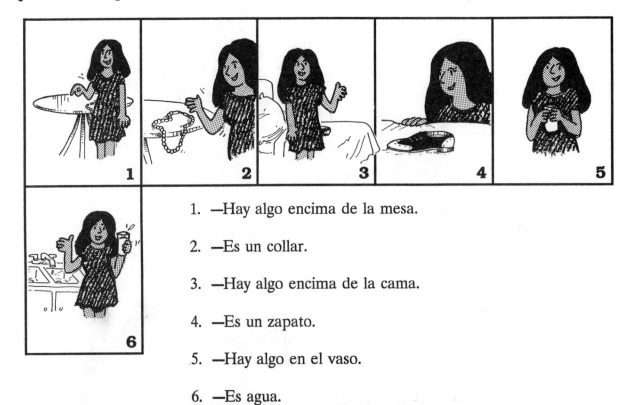

1. —Hay algo encima de la mesa.

2. —Es un collar.

3. —Hay algo encima de la cama.

4. —Es un zapato.

5. —Hay algo en el vaso.

6. —Es agua.

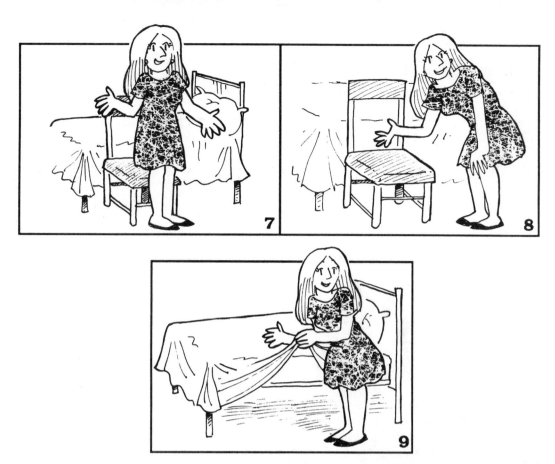

7. —¿Hay algo sobre la silla? ¿Hay algo debajo de la cama?

8. —No hay nada sobre la silla.

9. —No hay nada debajo de la cama.

Ejercicio de ampliación 2. Mire, escuche y lea.

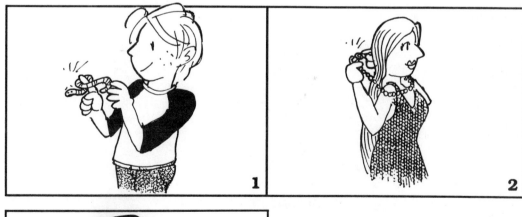

1. El se pone el gusano alrededor del dedo.

2. Ella se pone el collar alrededor del cuello.

3. El se pone la corbata alrededor del cuello.

Ejercicio de ampliación 3. Mire, escuche y lea.

1. La habitación

2. El suelo del dormitorio

3. El techo del dormitorio

4. La luz

5. El apaga la luz.

6. La habitación está oscura.

7. El baño

8. El se cepilla los dientes.

Ejercicio de ampliación 4. Mire, escuche y lea.

1. La madre mete la leche en el frigorífico.

2. El mono la saca del frigorífico.

3. El niño se mete las gafas en el bolsillo.

4. El mono las saca del bolsillo.

5. El niño mete el lápiz en el cajón.

6. El mono lo saca del cajón.

7. El hombre mete los zapatos en el automóvil.

8. El perro los saca.

Ejercicio de ampliación 5. Mire, escuche y lea.

1. —Venga aquí.

2. El hombre viene hacia el policía.

3. —Ven aquí.

4. El niño viene hacia el policía.

5. —Vaya fuera.

6. La señora se va fuera.

7. —Vete fuera.

8. El niño se va fuera.

Ejercicio 1. Mire, escuche y lea. Lea las frases otra vez y escriba el número del dibujo en el espacio en blanco correspondiente.

1. Ella se cepilla los dientes. _____

2. El se cepilla los dientes. _____

3. Ella se mete en la cama. _____

4. El se mete en la cama. _____

5. El apaga la luz. _____

6. La habitación está oscura. _____

Ejercicio 2. Mire, escuche y lea. Lea las frases otra vez y escriba el número del dibujo en el espacio en blanco correspondiente.

1. La madre abre la puerta del frigorífico. _____

2. Saca una botella de leche. _____

3. Vierte la leche en el vaso. _____

4. Bebe la leche. _____

Ejercicio 3. Mire, escuche y lea. Lea las frases otra vez y escriba el número del dibujo en el espacio en blanco correspondiente.

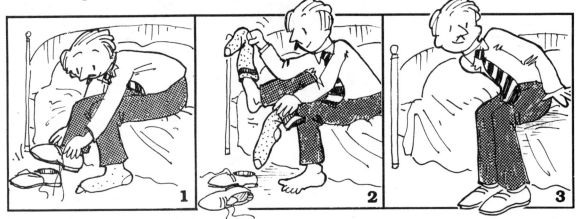

1. El padre se sienta. _____

2. Se quita los zapatos. _____

3. Después, se quita los calcetines. _____

Ejercicio 4. Mire, escuche y lea. Lea las frases otra vez y escriba el número del dibujo en el espacio en blanco correspondiente.

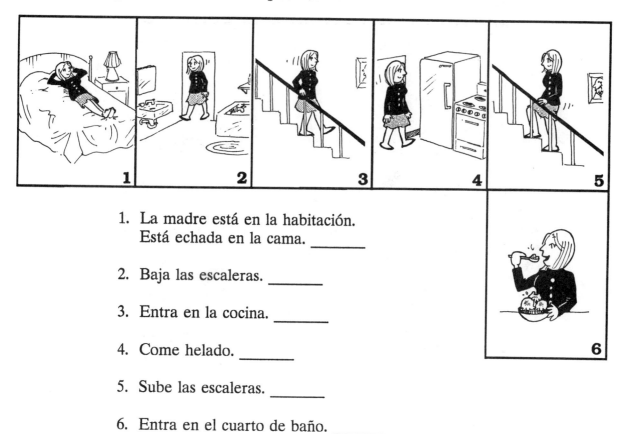

1. La madre está en la habitación.
   Está echada en la cama. _____

2. Baja las escaleras. _____

3. Entra en la cocina. _____

4. Come helado. _____

5. Sube las escaleras. _____

6. Entra en el cuarto de baño. _____

Ejercicio 5. Mire, escuche y lea. Lea las frases otra vez y escriba el número del dibujo en el espacio en blanco correspondiente.

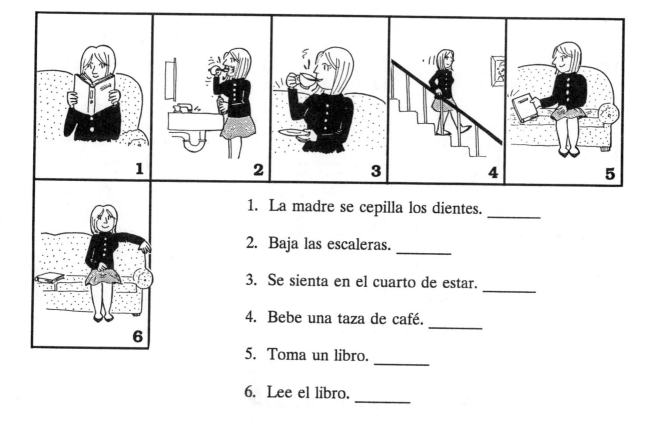

1. La madre se cepilla los dientes. _____

2. Baja las escaleras. _____

3. Se sienta en el cuarto de estar. _____

4. Bebe una taza de café. _____

5. Toma un libro. _____

6. Lee el libro. _____

122 Ejercicio 6. Mire, escuche y lea. Lea las frases otra vez y escriba el número del dibujo en el espacio en blanco correspondiente.

1. La madre deja el libro. _____

2. Toma una pluma. _____

3. Escribe con ella. _____

4. El gato está junto a la madre. _____

5. Ella lo acaricia. _____

6. Se levanta. _____

Ejercicio 7. Mire, escuche y lea. Lea las frases otra vez y escriba el número del dibujo en el espacio en blanco correspondiente.

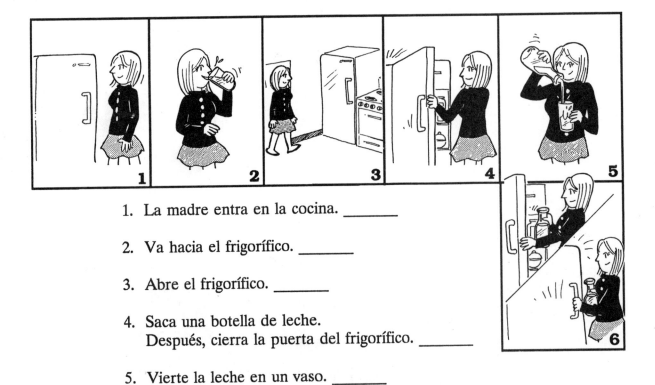

1. La madre entra en la cocina. _____

2. Va hacia el frigorífico. _____

3. Abre el frigorífico. _____

4. Saca una botella de leche.
    Después, cierra la puerta del frigorífico. _____

5. Vierte la leche en un vaso. _____

6. Se la bebe. _____

Ejercicio 8. Mire, escuche y lea. Lea las frases otra vez y escriba el número del dibujo en el espacio en blanco correspondiente.

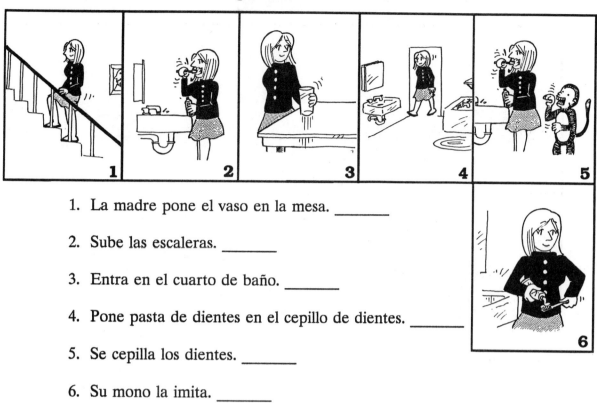

1. La madre pone el vaso en la mesa. _____

2. Sube las escaleras. _____

3. Entra en el cuarto de baño. _____

4. Pone pasta de dientes en el cepillo de dientes. _____

5. Se cepilla los dientes. _____

6. Su mono la imita. _____

Ejercicio 9. Mire, escuche y lea. Lea las frases otra vez y escriba el número del dibujo en el espacio en blanco correspondiente.

1. La boca de la niña es pequeña. _____

2. El niño de las orejas grandes tiene dientes pequeños. _____

3. La señora de los ojos grandes pone las gafas sobre la mesa. _____

4. El hombre de la nariz larga se desabotona la camisa. _____

5. La señora del cuello largo se está poniendo un collar alrededor del cuello. _____

6. El niño de las orejas pequeñas tiene dientes grandes. _____

Ejercicio 10. **Mire, escuche y lea. Lea las frases otra vez y escriba el número del dibujo en el espacio en blanco correspondiente.**

1. El hombre se pone las gafas. _____

2. Se sienta en una silla pequeña. _____

3. Una señora deja caer una moneda en el sombrero. _____

4. Un niño tira una moneda en el sombrero. _____

5. Otra señora deja caer una manzana en el sombrero. _____

6. Un hombre deja caer tres monedas en el sombrero. _____

7. El hombre se levanta. _____

8. Se quita las gafas. _____

9. Se ríe. _____

Ejercicio 11. Mire, escuche y lea. Lea las frases otra vez y escriba el número del dibujo en el espacio en blanco correspondiente.

1. El niño tira sus libros sobre la cama. _____

2. Se quita la chaqueta. _____

3. Se quita la corbata. _____

4. Se desabotona la camisa. _____

5. Se quita la camisa. _____

6. Se quita los pantalones. _____

7. Se quita los zapatos. _____

8. Se quita los calcetines. _____

9. Se quita la camiseta. _____

126

Ejercicio 12. **Mire, escuche y lea. Lea las frases otra vez y escriba el número del dibujo en el espacio en blanco correspondiente.**

1. El niño se quita los calzoncillos. _____

2. Abre el cajón. _____

3. Saca el pijama. _____

4. Se pone el pijama. _____

5. Se abotona el pijama. _____

6. Ahora, está echado en la cama. _____

7. Está leyendo un libro. _____

8. Su perro está encima de la cama. _____

9. Ahora, él está en la cama. Su madre lo besa. _____

10. Apaga la luz. _____

11. La habitación del niño está oscura. _____

12. El padre y la madre están sentados en el cuarto de estar.
El está leyendo un libro y ella está acariciando
al gato. _____

Ejercicio 13. Mire, escuche y lea. Lea las frases otra vez y escriba el número del dibujo en el espacio en blanco correspondiente.

1. —¿Qué tienes en el calcetín?

    —Algo. _____

2. —¿Qué es?

    —Un gusano. —Ella saca el gusano. _____

3. —¿Qué tienes en el zapato?

    —Nada. _____

4. —¿Qué tienes en el bolsillo?

    —Un gusano. —Ella saca el gusano del bolsillo. _____

5. —¿Qué más tienes en el bolsillo?

    —Otro gusano. _____

6. El padre tira los gusanos por la ventana. _____

Ejercicio 14. Mire, escuche y lea. Lea las frases otra vez y escriba el número del dibujo en el espacio en blanco correspondiente.

1. —¿Qué tienes en el bolso?

    —Un libro. _____

2. —¿Qué más tienes en el bolso?

    —Un cepillo pequeño. _____

3. —¿Qué más tienes en el bolso?

    —Un peine. _____

4. —¿Qué más tienes en el bolso?

    —Un botón. _____

5. —¿Qué más tienes en el bolso?

    —Un huevo. _____

6. —¿Qué más tienes en el bolso?

    —Nada más. _____

Ejercicio 15. Mire, escuche y lea. Lea las frases otra vez y escriba el número del dibujo en el espacio en blanco correspondiente.

1. Ella saca un huevo del frigorífico. _____

2. Saca la botella de leche del frigorífico. _____

3. Saca el frasco del remedio del cajón. _____

4. Saca la cuchara del cajón. _____

5. Saca un lápiz de su bolso. _____

6. Le saca el termómetro de la boca. _____

7. Se saca el termómetro de la boca. _____

Ejercicio 16. Mire, escuche y lea. Lea las frases otra vez y escriba el número del dibujo en el espacio en blanco correspondiente.

1. Ella saca una moneda del cajón. _____

2. La pone encima de la mesa. _____

3. Bebe un vaso de agua. _____

4. Después, ella toma la moneda. _____

5. La mira. _____

6. La pone en el bolsillo. _____

Ejercicio 17. Mire, escuche y lea. Lea las frases otra vez y escriba el número del dibujo en el espacio en blanco correspondiente.

1. Ella está en la tienda de comida. _____

2. Está comprando una botella de leche. _____

3. Le da al hombre una moneda. _____

4. —Gracias.

—De nada. _____

Ejercicio 18. Mire, escuche y lea. Lea las frases otra vez y escriba el número del dibujo en el espacio en blanco correspondiente.

1. —Por favor, dame la pluma de la mesa. _____

2. —Aquí la tienes. _____

3. —Gracias.

    —De nada. _____

Ejercicio 19. Mire, escuche y lea. Lea las frases otra vez y escriba el número del dibujo en el espacio en blanco correspondiente.

1. Ella mira dentro del sombrero.
   —Hay algo en el sombrero. _____

2. El mira el sombrero.
   —No, no hay nada. _____

3. —Sí, hay algo. Es un huevo. _____

4. —Déjame ver. Sí, hay un huevo y hay algo más. Es una manzana. _____

5. Después, la señora se pone el sombrero. _____

Ejercicio 20. Mire, escuche y lea. Lea las frases otra vez y escriba el número del dibujo en el espacio en blanco correspondiente.

1. —Vete a la cama. _____

2. La niña va hacia su madre. _____

3. Le da un beso. _____

4. Se mete en la cama. _____

5. Su madre apaga la luz. La habitación está oscura. _____

6. Su madre se marcha de la habitación. _____

7. Después, cierra la puerta. _____

8. La niña se levanta de la cama. _____

9. Va hacia la ventana. _____

10. Mira por la ventana. _____

11. Ve un incendio. _____

12. Ve a los bomberos. Los bomberos van hacia el incendio. _____

Ejercicio 21.   Mire, escuche y lea.   Lea el párrafo otra vez y conteste las preguntas.

La madre está leyendo. El hijo está escribiendo con un lápiz. La hija está comiendo una manzana. El padre tiene un frasco en la mano. Hay algo en el frasco. Es un remedio. ¿Qué tiene el perro en la boca? Tiene un cepillo de dientes.

Preguntas

1. ¿Qué hay en el frasco?

2. ¿En dónde está el cepillo de dientes?

3. ¿Qué está comiendo la hija pequeña?

4. ¿Con qué está escribiendo el hijo pequeño?

Ejercicio 22. Ejercicio de completar. Escriba la palabra correcta en el espacio en blanco correspondiente.

junto a	algo	desabotona
bolso	escaleras	son
están	es	sale

1. Hay _____ en la botella. Es agua.

2. Sube las _____.

3. Hay dinero en el _____.

4. El se _____ la camisa.

5. Las botellas _____ sobre la mesa.

Repaso 1. Mire, escuche y lea.

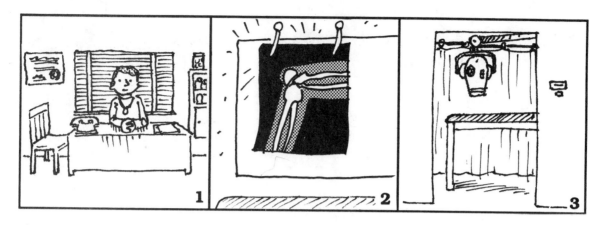

1. El consultorio del médico

2. La radiografía

3. La sala de radiografía

Repaso 2. Mire, escuche y lea.

1. Un pediatra trata a niños. Ella trata a niños y él trata a niños.

2. —¿Qué le sucede?

3. —Mi hijo está enfermo.

4. —Di: «ah.»
   El niño dice: —Ah.

5. El pediatra mira la boca del niño. Está examinando al niño.

6. —Está enfermo. Aquí tiene un remedio.

7. —¿Qué le sucede?

8. —Me duele la pierna.

9. —Siéntese, por favor.

Repaso 3. Mire, escuche y lea.

1. La señora se sienta.

2. El médico le toca la pierna a la señora. Está examinando la pierna de la señora.

3. La enfermera entra en el consultorio del médico.

4. En la sala de radiografía, la enfermera le hace una radiografía de la pierna a la señora.

5. El médico mira la radiografía. La está examinando.

6. El médico le pone una escayola en la pierna a la señora.

7. Ella sale del consultorio del médico con muletas.

8. Al lado hay un consultorio de un veterinario.

9. El veterinario trata animales.

Repaso 4. Mire, escuche y lea.

1. —Doctor, mi gato está enfermo.

2. —Usted tiene un gato grande. —El veterinario se ríe.

3. —Ya lo sé. El gato es muy grande.

4. El veterinario mira el ojo del gato. Está examinando al gato.

5. El veterinario se vuelve hacia el hombre.

6. El veterinario dice: —Su gato no está enfermo. Tiene hambre.

7. El veterinario le pone comida al gato en un tazón.

8. El gato corre hacia la comida.

9. Es pescado.

Repaso 5. Mire, escuche y lea.

1. El hombre se vuelve hacia el espejo.

2. Se mira en el espejo.

3. Después, ve a su esposa abriendo la puerta del frigorífico. Ella tiene hambre.

Repaso 6. Mire, escuche y lea.

1. La señora gorda toma una banana del armario.

2. La señora gorda se mira en el espejo. Dice: —Estoy gorda.

3. Ellos están comiendo espaguetis y bebiendo leche.

4. Ahora, ellos se besan.

5. Ella se ve en el espejo comiendo espaguetis.

6. El se ve en el espejo bebiendo leche.

Repaso 7. Mire, escuche y lea.

1. El armario

2. La señora saca la cafetera del armario.

3. Pone la cafetera sobre la mesa.

1. El perro es pequeño.

2. El perro es muy pequeño.

3. El perro es grande.

4. El perro es muy grande.

5. —Yo tengo una casa grande.

6. —Yo tengo una casa muy grande.

7. Ella tiene la cara grande.

8. Ella tiene la cara muy grande.

9. Su hijo tiene la cara muy grande también.

Ejercicio de ampliación 2. Mire, escuche y lea.

1. Sus ojos son muy pequeños y su nariz es muy pequeña también.

2. Los ojos de su hija son muy grandes. Su nariz es muy grande también.

3. Ella la toca.

4. Ella se toca.

5. El lo toca.

6. El se toca.

7. Ella lo toca.

8. El cocina un huevo para él mismo.

9. Después, se come el huevo.

Ejercicio de ampliación 3. Mire, escuche y lea.

1. Ella se compra un vestido.

2. Lleva su vestido a casa.

3. En casa, se pone el vestido. Se abotona el vestido.

4. El compra un vestido para ella y una chaqueta para él mismo.

5. En casa, ella se pone el vestido y él se pone la chaqueta.

6. El se mira en el espejo.

7. Ella ve un mono en el espejo.

8. Se vuelve.

9. Su mono está sobre la cama. Se está desabotonando la camisa.

10. Después, se quita la camisa.

Ejercicio de ampliación 4. Mire, escuche y lea.

1. —Yo tengo su perro.

2. —Al lado, por favor.

3. Ella va a la puerta de al lado.

4. —Aquí tiene su perro.

   —Gracias.

   —De nada.

5. —Aquí tiene su gato.

6. —Al lado, por favor.

7. Ella va a la puerta de al lado.

8. —Aquí tiene su gato.

9. —¿Otro perro?

10. —No, otro gato.

Ejercicio de ampliación 5. Mire, escuche y lea.

1. El la toca.

2. El lo toca.

3. El se toca.

4. Ella lo toca.

5. Ella la toca.

6. Ella se toca.

7. Ella cocina pescado para ella misma.

8. El cocina espaguetis para él mismo.

9. Ella come el pescado y él come los espaguetis.

10. Ellos comen el pescado.

11. Ellos comen el pescado.

12. Ellas comen el pescado.

13. Ellas comen los espaguetis.

14. Ellos comen los espaguetis.

Ejercicio de ampliación 6. Mire, escuche y lea.

1. —No veo la comida.

2. El hombre se pone las gafas.

3. —Ahora, veo la comida.

Ejercicio 1. Mire, escuche y lea. Lea las frases otra vez y escriba el número del dibujo en el espacio en blanco correspondiente.

1. El está comiendo pescado. _____

2. Ella está comiendo pescado. _____

3. Ellos están comiendo pescado. _____

4. Ellos están comiendo carne. _____

5. Ellas están bebiendo agua. _____

6. Ellos están comiendo pan. _____

7. Ellos están comiendo zanahorias. _____

8. Ellos recogen los libros. _____

9. Ellos ponen los libros sobre la mesa. _____

Ejercicio 2. Mire, escuche y lea. Lea las frases otra vez y escriba el número del dibujo en el espacio en blanco correspondiente.

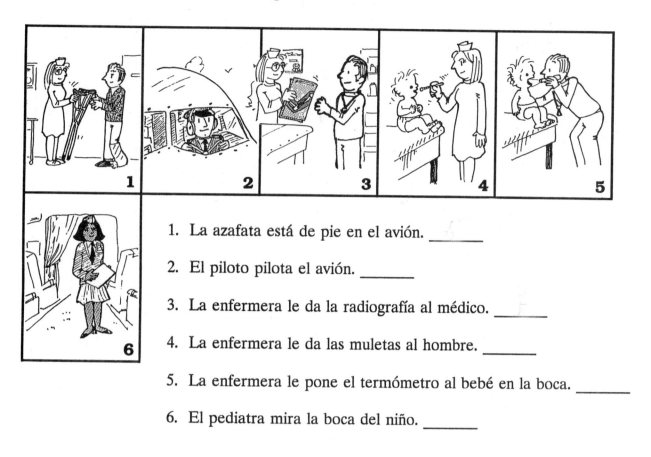

1. La azafata está de pie en el avión. _____

2. El piloto pilota el avión. _____

3. La enfermera le da la radiografía al médico. _____

4. La enfermera le da las muletas al hombre. _____

5. La enfermera le pone el termómetro al bebé en la boca. _____

6. El pediatra mira la boca del niño. _____

Ejercicio 3. Mire, escuche y lea. Lea las frases otra vez y escriba el número del dibujo en el espacio en blanco correspondiente.

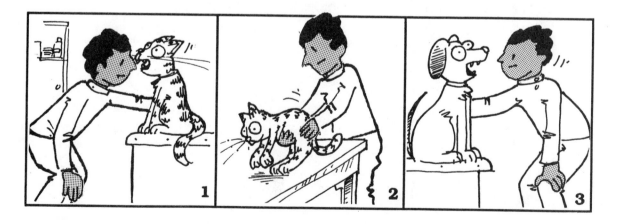

1. El veterinario mira la boca del gato. _____

2. El veterinario mira la boca del perro. _____

3. El veterinario pone al gato sobre la mesa. _____

Ejercicio 4. Mire, escuche y lea. Lea las frases otra vez y escriba el número del dibujo en el espacio en blanco correspondiente.

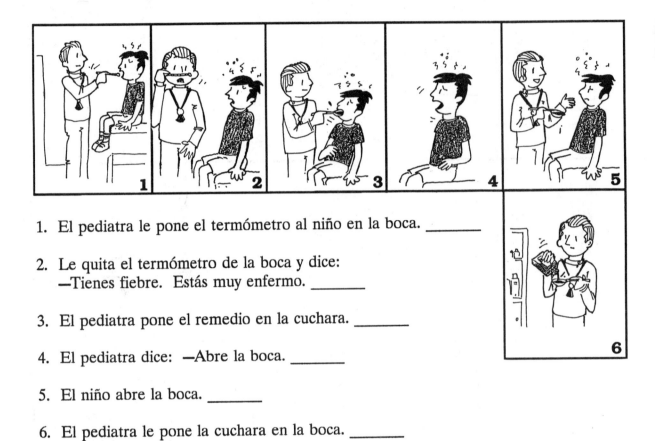

1. El pediatra le pone el termómetro al niño en la boca. _____

2. Le quita el termómetro de la boca y dice:
   —Tienes fiebre. Estás muy enfermo. _____

3. El pediatra pone el remedio en la cuchara. _____

4. El pediatra dice: —Abre la boca. _____

5. El niño abre la boca. _____

6. El pediatra le pone la cuchara en la boca. _____

Ejercicio 5. Mire, escuche y lea. Lea las frases otra vez y escriba el número del dibujo en el espacio en blanco correspondiente.

1. El niño corre. _____

2. El niño camina o el niño anda. _____

3. El niño anda con muletas. _____

Ejercicio 6. **Mire, escuche y lea.** Lea las frases otra vez y escriba el número del dibujo en el espacio en blanco correspondiente.

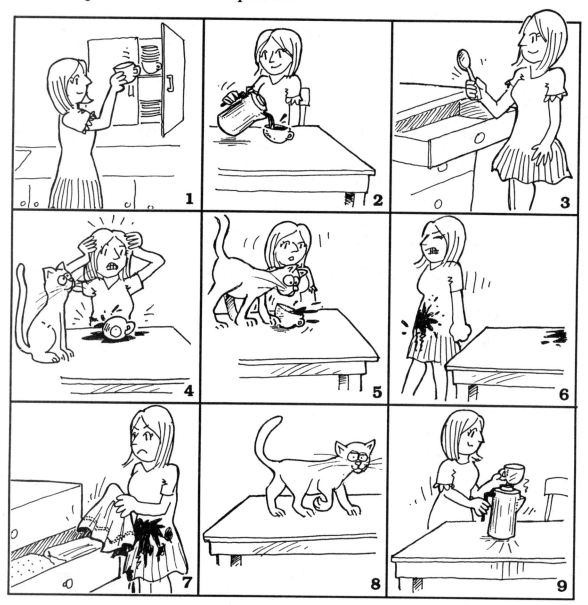

1. La señora saca la taza del armario. _____

2. Saca la cuchara del cajón. _____

3. Pone la cafetera sobre la mesa. _____

4. Vierte el café en la taza. _____

5. El gato está sobre la mesa. _____

6. El gato se tropieza con la taza de café. _____

7. El café se derrama en el vestido de la señora. _____

8. Ella se enoja. _____

9. La señora saca un trapo de cocina del cajón. _____

Ejercicio 7. Mire, escuche y lea. Lea las frases otra vez y escriba el número del dibujo en el espacio en blanco correspondiente.

1. El hombre le da un regalo a su esposa. _____

2. Es un libro. _____

3. Ella lo besa. _____

4. Después, él la besa. _____

5. Ella pone sus muletas en el suelo. _____

6. Se sienta. _____

Ejercicio 8. Mire, escuche y lea. Lea las frases otra vez y escriba el número del dibujo en el espacio en blanco correspondiente.

1. Ella está leyendo un libro. _____

2. El se levanta. _____

3. Va a la cocina. _____

4. Trae una taza de café a su esposa. _____

5. Le da la taza de café. _____

6. Ella lee el libro y bebe la taza de café. _____

Ejercicio 9. Mire, escuche y lea. Lea las frases otra vez y escriba el número del dibujo en el espacio en blanco correspondiente.

1. El camarero se cae. _____

2. Le dice a otro camarero: —Me duele el cuello. _____

3. —Me duele la mano. —El camarero le mira la mano. _____

4. —Me duele el brazo. —El camarero le mira el brazo. _____

5. El camarero está sentado en el consultorio del médico. _____

6. El médico está de pie. Dice: —¿Qué le sucede? _____

7. El camarero le dice al médico: —Me duele el cuello. _____

8. Después, le dice al médico: —Me duele el brazo y me duele la mano. _____

9. El médico se vuelve a la enfermera y le dice: —Llévelo a la sala de radiografía. _____

Ejercicio 10. Mire, escuche y lea. Lea las frases otra vez y escriba el número del dibujo en el espacio en blanco correspondiente.

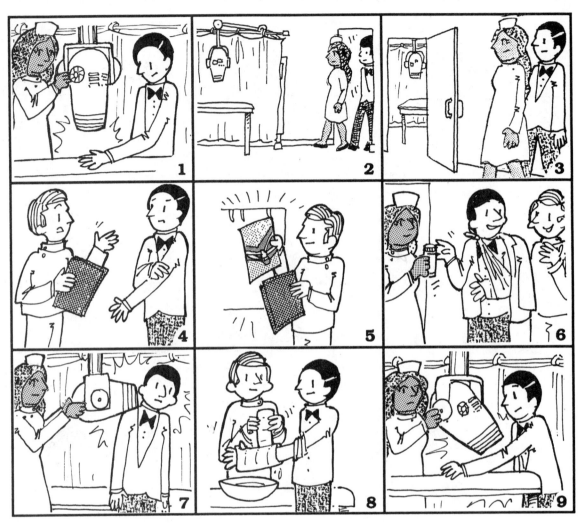

1. La enfermera lleva al camarero a la sala de radiografía. _____

2. La enfermera y el camarero entran en la sala de radiografía. _____

3. La enfermera le hace una radiografía del cuello. _____

4. Le hace una radiografía de la mano. _____

5. Le hace una radiografía del brazo. _____

6. El médico examina las radiografías. _____

7. Le dice al camarero: —Su brazo está fracturado. _____

8. El médico le pone una escayola en el brazo. _____

9. —Gracias, doctor.

   —De nada.

   La enfermera le da al camarero un frasco con un remedio. _____

Ejercicio 11. Mire, escuche y lea. Lea las frases otra vez y escriba el número del dibujo en el espacio en blanco correspondiente.

1. Una señora entra en el consultorio del veterinario con su perro. El perro es muy grande. La señora es pequeña. _____

2. La señora dice: —Mi perro está enfermo. _____

3. El veterinario le mira los ojos al perro. _____

4. Después, el veterinario le mira la boca al perro. _____

5. Después, le mira las orejas. _____

6. —Su perro está enfermo —dice el veterinario. La señora llora. _____

7. —Aquí tiene un remedio —dice el veterinario. _____

Ejercicio 12. Mire, escuche y lea. Lea las frases otra vez y escriba el número del dibujo en el espacio en blanco correspondiente.

1. La cara del niño _____

2. La boca del niño _____

3. La boca del perro _____

4. Los dientes del niño _____

5. Los ojos del perro _____

6. Las orejas del perro _____

Ejercicio 13. Mire, escuche y lea. Lea las frases otra vez y escriba el número del dibujo en el espacio en blanco correspondiente.

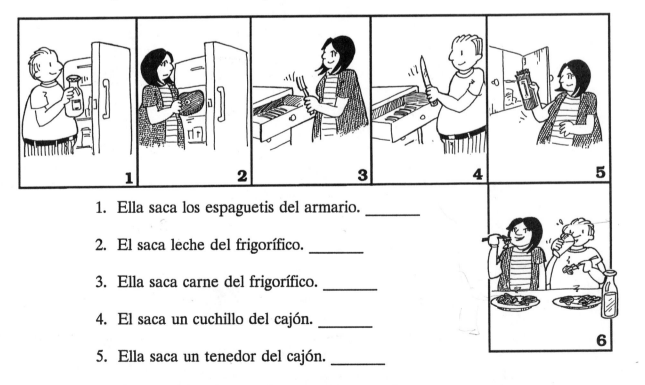

1. Ella saca los espaguetis del armario. _____

2. El saca leche del frigorífico. _____

3. Ella saca carne del frigorífico. _____

4. El saca un cuchillo del cajón. _____

5. Ella saca un tenedor del cajón. _____

6. Ahora, el hombre gordo y su esposa gorda comen los espaguetis y la carne y beben la leche. _____

Ejercicio 14. Mire, escuche y lea. Lea las frases otra vez y escriba el número del dibujo en el espacio en blanco correspondiente.

1. —Tú estás gordo —le dice la señora gorda al hombre. _____

2. —Tú estás muy gorda —le dice el hombre gordo a la señora gorda. _____

3. El hombre gordo se mira en el espejo y dice: —Estoy gordo. _____

4. La señora gorda se mira en el espejo y dice: —Yo también estoy gorda. _____

5. La hija de ellos está muy gorda. Se mira en el espejo y dice: —Yo estoy gorda también. _____

6. El perro de ellos está muy gordo.
   El perro se mira en el espejo y dice: —Guau. _____

7. El hijo de ellos está delgado. Se mira en el espejo y dice: —Estoy delgado. _____

8. El padre, la madre y la hija están comiendo helado. El hijo está comiendo una manzana. El está delgado y ellos están gordos. _____

Ejercicio 15. Mire, escuche y lea. Lea las frases otra vez y escriba el número del dibujo en el espacio en blanco correspondiente.

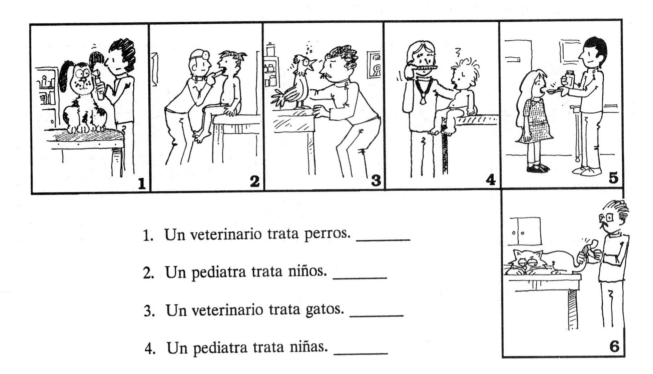

1. Un veterinario trata perros. _____

2. Un pediatra trata niños. _____

3. Un veterinario trata gatos. _____

4. Un pediatra trata niñas. _____

5. Un veterinario trata pájaros. _____

6. Un pediatra trata bebés. _____

Ejercicio 16. Mire, escuche y lea. Lea las frases otra vez y escriba el número del dibujo en el espacio en blanco correspondiente.

1. Ella tiene un perro pequeño. Está tocando a su perro. _____

2. Lo está acariciando. _____

3. Lo está besando. _____

Ejercicio 17. Mire, escuche y lea. Lea las frases otra vez y escriba el número del dibujo en el espacio en blanco correspondiente.

    1. El cocina pescado para él mismo. _____

    2. Ella cocina espaguetis para ella misma. _____

    3. El se come el pescado y ella se come los espaguetis. _____

Ejercicio 18. Mire, escuche y lea. Lea las frases otra vez y escriba el número del dibujo en el espacio en blanco correspondiente.

    1. El cocina pescado para él mismo. _____

    2. El cocina espaguetis para ella. _____

    3. El se come el pescado y ella se come los espaguetis. _____

Ejercicio 19. Mire, escuche y lea. Lea las frases otra vez y escriba el número del dibujo en el espacio en blanco correspondiente.

1. —Estás gordo y comes espaguetis.

   —Ya lo sé. _____

2. —Yo estoy delgada. Yo como zanahorias.

   —Ya lo sé. _____

3. —Tú estás gordo y comes helado.

   —Ya lo sé. _____

4. —Yo estoy delgada y como manzanas.
   Tú estás demasiado gordo.

   —Y, tú estás demasiado delgada. _____

Ejercicio 20. Mire, escuche y lea. Lea las frases otra vez y escriba el número del dibujo en el espacio en blanco correspondiente.

1. —No veo la comida.

   —Ya lo sé. ¿Dónde están tus

   gafas? _____

2. —Aquí, en mi bolsillo. _____

3. El hombre se pone las gafas. _____

4. —Ahora, veo la comida. _____

Ejercicio 21. Mire, escuche y lea. Lea las frases otra vez y escriba el número del dibujo en el espacio en blanco correspondiente.

1. El perro no puede volar. _____

2. El gato no puede volar. _____

3. La señora no puede volar. _____

4. El pájaro puede volar. _____

Ejercicio 22. Escuche y lea. Lea el párrafo otra vez y escriba *Sí* o *No* en los espacios en blanco.

A la señora le duele la pierna. Va al consultorio del médico. El médico le dice: —¿Qué le sucede? —Me duele la pierna —dice la señora. El médico le examina la pierna. La enfermera lleva a la señora a la sala de radiografía. La enfermera le hace una radiografía de la pierna. El médico examina la radiografía. —Su pierna está fracturada —dice el médico. El médico le pone una escayola. Después, le da unas muletas. —Gracias, doctor —dice ella. La señora sale del consultorio del médico con muletas.

Escriba *Sí* o *No* en los espacios en blanco.

1. La pierna de la señora está fracturada. _____

2. El médico lleva a la enfermera a la sala de radiografía. _____

3. La enfermera sale caminando del consultorio del médico con muletas. _____

4. El médico examina la oreja de la señora. _____

5. La señora examina la nariz del médico. _____

6. El médico le da a la señora unas muletas. _____

7. El médico sale de su consultorio con muletas. _____

8. A la señora le duele la pierna. _____

9. El médico examina la radiografía. _____

10. El médico le pone una escayola a la señora. _____

Ejercicio 23.   Escuche y lea.   Lea el párrafo otra vez y escriba *Sí* o *No* en los espacios en blanco.

La señora y el hombre están en la cocina. El cocina pescado para él mismo y también cocina carne para ella. Ella cocina espaguetis para él y para ella misma. Después, ella vierte leche en un vaso para ella misma y café en una taza para él. El pone mantequilla en su pan y, después, pone mantequilla en el pan de ella. El bebé quiere comer espaguetis. El mono quiere comer una banana.

Escriba *Sí* o *No* en los espacios en blanco.

1. El vierte la leche en un vaso. _____

2. Ella pone mantequilla en su pan. _____

3. El bebé quiere comer pescado. _____

4. La señora está en la cocina. _____

5. El cocina pescado para ella. _____

6. El cocina pescado para él mismo. _____

7. Ella cocina pescado para ella misma. _____

8. El está comiendo una banana. _____

9. El mono quiere comer una manzana. _____

10. El bebé quiere comer una banana. _____

Repaso 1. Mire, escuche y lea.

1. La señora tiene una pistola.

2. El hombre tiene miedo.

3. El policía ve a la señora.

4. El corre detrás de la señora.

5. La señora se sube a un árbol.

6. El policía mira hacia arriba, al árbol.

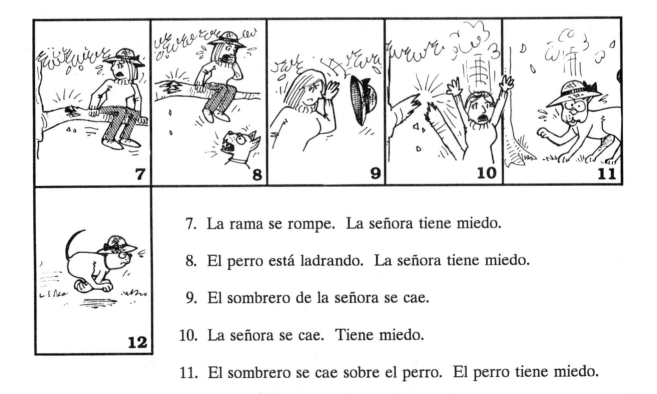

7. La rama se rompe. La señora tiene miedo.

8. El perro está ladrando. La señora tiene miedo.

9. El sombrero de la señora se cae.

10. La señora se cae. Tiene miedo.

11. El sombrero se cae sobre el perro. El perro tiene miedo.

12. El perro huye.

Repaso 2. Mire, escuche y lea.

1. —La señora tenía una pistola.

2. —El hombre tuvo miedo.

3. —El policía vio a la señora.

4. —El corrió detrás de la señora.

5. —La señora se subió a un árbol.

6. —El policía miró hacia arriba, al árbol.

7. —La rama se rompió. La señora tuvo miedo.

8. —El perro ladró. La señora tuvo miedo.

9. —El sombrero de la señora se cayó.

10. —La señora se cayó. Ella tuvo miedo.

11. —El sombrero se cayó sobre el perro. El perro tuvo miedo.

12. —El perro huyó.

Repaso 3. Mire, escuche y lea.

1. El aeropuerto es muy grande.

2. El vendedor le da un pasaje al hombre.

3. El hombre lleva un maletín.

4. El policía dice: —Por favor, abra su maletín.

5. El hombre abre el maletín y saca sus ropas.

6. Hay un mono en el maletín del hombre.

against

7. El mono dispara contra el policía.

8. El hombre tiene miedo. Huye.

9. Un policía corre detrás del mono.
   Otro policía corre detrás del hombre.

10. El mono se cae.

11. El policía recoge al mono.

12. El mono besa al policía.

Repaso 4. Mire, escuche y lea.

1. El otro policía dispara contra el hombre.

2. El hombre dispara contra el policía.

3. Después, se cae.

4. —¡Suba al automóvil!

5. El policía trae el mono a casa.

6. Su hija le dice: —¿Puedo quedarme con el mono?

7. —Está bien. Puedes quedarte con el mono.

8. La niña duerme en la cama y el mono duerme en una caja pequeña.

9. El gato duerme delante de la cama y el perro duerme detrás de la cama.

Repaso 5. Mire, escuche y lea.

1. El padre, la madre, la hija, el hijo y el bebé están sentados.

2. El esposo y la esposa están de pie.

3. El niño está escribiendo y la niña está leyendo.

4. La madre le está dando un azote al bebé. Una niña está golpeando a un niño.

5. El niño está tocando al perro. Una niña está acariciando a un gato.

6. Un niño camina, una niña corre y un bebé anda a gatas.

7. El hombre entra en el automóvil y la señora sale del automóvil.

8. El niño se sube al árbol y la niña se baja del árbol.

9. La niña tira la pelota pequeña y el niño lleva la pelota grande en las manos.

10. El señor está manejando un automóvil. La señora está pilotando un avión.

Ejercicio de ampliación 1. Mire, escuche y lea.

purse

1. La señora tiene un bolso.

2. El hombre tiene una bolsa de dinero.

3. El hombre tiene una bolsa.

4. El hombre tiene un maletín.

5. El hombre tiene una valija.

6. El hombre tiene una maleta.

7. El hombre

8. El señor

Ejercicio de ampliación 2. Mire, escuche y lea.

1. El desayuno

2. La comida o el almuerzo

3. La cena o la comida

4. La señora está desayunando.

5. La señora está comiendo o almorzando.

6. La señora está cenando o comiendo.

7. El hombre está cocinando.

8. El hombre hace la cena o la comida.

Ejercicio de ampliación 3. Mire, escuche y lea.

1. El padre está cocinando.

2. El padre estaba cocinando.

3. El padre hace la cena.

4. El padre hizo la cena.

5. Ella bebe un vaso de leche.

6. Ella bebió un vaso de leche.

7. El le da un azote al niño.

8. El le dio un azote al niño.

9. El lleva una bolsa de comida en las manos.

10. El la llevó a la mesa.

11. El encuentra un lápiz.

12. El encontró un lápiz.

13. Ella pilota un avión.

14. Ella pilotó un avión.

Ejercicio de ampliación 4. Mire, escuche y lea.

1. El está cortando el pan y ella
   está comiendo una manzana.

2. El estaba cortando el pan y ella
   estaba comiendo una manzana.

3. Ella está sirviendo el café.

4. Ella estaba sirviendo el café.

5. El está limpiando el suelo.

6. El estaba limpiando el suelo.

7. Ellos se están besando.

8. Ellos se estaban besando.

9. Ella está llorando.

10. Ella estaba llorando.

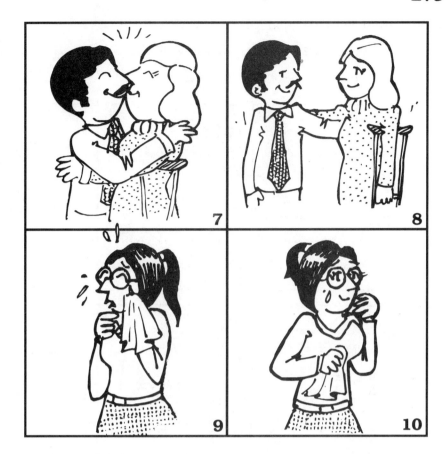

Ejercicio de ampliación 5. Mire, escuche y lea.

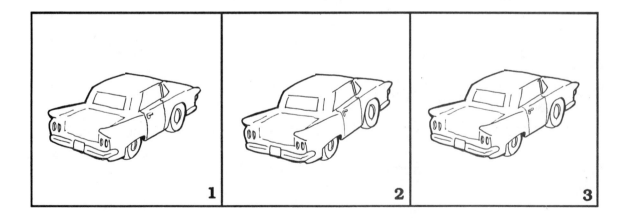

1. El automóvil o el auto

2. El carro

3. El coche

Ejercicio de ampliación 6. Mire, escuche y lea.

1. Ellos ven un pájaro. El pájaro está detrás del árbol.

2. Ellos vieron un pájaro. El pájaro estaba detrás del árbol. Ahora, el pájaro está volando.

3. Ellos caminan hacia el coche.

4. Ellos estaban caminando hacia su coche. Ahora, él está manejando su automóvil.

5. Ella está manejando su automóvil.

6. Ella estaba manejando su automóvil. Ahora, está de pie junto al automóvil.

7. El está de pie junto a la ventana.

8. El estaba de pie junto a la ventana. Ahora, está junto a la puerta.

Ejercicio de ampliación 7. Mire, escuche y lea.

1. —Eso es un gato.

   —Ya lo sé.

2. —Eso es un perro.

   —Ya lo sé.

3. El bombero ve al hombre gordo y a su mono.

4. —El hombre gordo y el mono están comiendo.

5. —El hombre gordo está comiendo espaguetis y el mono está comiendo una banana.

6. Al hombre se le cae el café en la camisa.

7. La azafata ve café en la camisa del hombre.

8. —El hombre derramó su café.

9. —Ese es mi padre.

—¿De veras? ¿Es tu padre policía?

10. —Esa es mi madre.

—¿De veras? ¿Es tu madre profesora?

11. —Esa es mi esposa.

—¿De veras? ¿Es tu esposa médico?

Ejercicio de ampliación 8. Mire, escuche y lea.

1. —¿Qué desea?

—Una taza de café, por favor.

2. La señora bebe la taza de café.

3. La señora se bebió la taza de café.

4. —¿Qué desea?

—Una taza de té, por favor.

5. El hombre bebe una taza de té.

6. El hombre se bebió una taza de té.

Ejercicio de ampliación 9. Mire, escuche y lea.

1. El hombre mira a la señora.

2. El hombre mira hacia arriba, a la señora.

3. El hombre mira debajo de la mesa.

4. El hombre mira a la ventana.

5. El hombre mira por la ventana.

6. El hombre mira a la mesa.

178

Ejercicio de ampliación 10. Mire, escuche y lea.

1. El señor está comiendo carne.

2. La señora está comiendo carne.

3. Ellos están comiendo carne.

4. El perro está comiendo carne.

5. El gato está comiendo carne.

6. Ellos están comiendo carne.

7. La niña está comiendo carne.

8. El niño está comiendo carne.

9. El mono está comiendo una banana.

10. El pollo está comiendo pan.

Ejercicio de ampliación 11. Mire, escuche y lea.

1. El hombre está bebiendo agua.

2. La señora está bebiendo agua.

3. Ellos están bebiendo agua.

4. El perro está bebiendo agua.

5. El gato está bebiendo agua.

6. Ellos están bebiendo agua.

7. La niña está bebiendo agua.

8. El niño está bebiendo agua.

9. El pájaro está bebiendo agua.

10. El pollo está bebiendo agua.

Ejercicio de ampliación 12.   Mire, escuche y lea.

1. El teléfono

2. El poste de teléfonos

3. El árbol

4. La rama

5. El ladrón

6. La pistola

Ejercicio de ampliación 13.   Mire, escuche y lea.

1. El policía corre detrás del ladrón.

2. El policía espanta al perro.

3. El niño corre detrás del gato.

4. El niño espanta al gato.

Ejercicio de ampliación 14. Mire, escuche y lea.

1. El ladrón entra en su coche.

2. Se aleja.

3. El maneja su automóvil.

4. El policía ve al ladrón.

5. El ladrón sale de su automóvil.

6. —¡Manos arriba! —dice el policía.

Ejercicio de ampliación 15. Mire, escuche y lea.

1. El gato ve al pájaro en el poste de teléfonos.

2. Se sube al poste de teléfonos.

3. El pájaro se va volando.

4. El gato se baja del poste de teléfonos.

Ejercicio de ampliación 16. Mire, escuche y lea.

1. La señora está junto al coche.

2. La señora deja caer su bolso.

3. Un hombre viene.

4. Recoge el bolso.

5. Se lo da a la señora.

6. —Gracias.

7. —De nada.

Ejercicio de ampliación 17. Mire, escuche y lea.

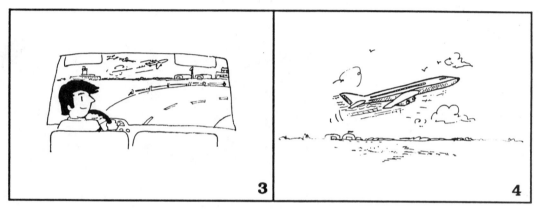

1. —¿Adónde va?

2. —Al aeropuerto.

3. El hombre maneja su automóvil.

4. El avión despega.

5. —¿Adónde vuela?

   —A los Estados Unidos.

6. El avión aterriza.

184

Ejercicio de ampliación 18. Mire, escuche y lea.

1. —¿Qué hay para cenar?

2. —Pollo, papas, zanahorias y pan.

3. El padre, la madre, la hija y el hijo están cenando.

4. Para postre comen helado y manzanas.

5. El hijo y la hija suben las escaleras.

6. Ahora, están en la cama.

Ejercicio de ampliación 19. Mire, escuche y lea.

1. El hombre dice a su esposa:
    —Tienes un bolso grande.

2. —¿Qué tienes en el bolso?

3. —Un gato pequeño. Encontré al gato en el poste de teléfonos.

4. —Espanté a un perro. El gato tenía miedo.

Ejercicio de ampliación 20. Mire, escuche y lea.

1. La señora deja caer su bolso.

2. Un hombre viene.

3. Recoge el bolso.

4. Huye con el bolso.

5. Un policía viene.

6. Ve al hombre con el bolso
   de la señora.

7. Corre detrás del hombre.

8. Dispara contra el hombre.

9. El hombre deja caer el bolso.

10. —¡Manos arriba! —dice el policía.

11. El hombre huye.

12. El policía golpea al hombre con
    su pistola.

13. El hombre se cae.

14. El policía se cae también.

15. El policía se levanta.

Ejercicio de ampliación 21. Mire, escuche y lea.

1. —¿Qué tienes en las manos?

   —No tengo nada.

2. —Sí, tienes algo. Déjame ver las manos.

   —Es un gusano.

3. —Ya lo sé.

   —Quiero quedarme con el gusano.

4. —No, no puedes quedarte con él.

5. —Lleva el gusano fuera.

6. Ella abre la puerta y tira el gusano fuera.

7. —¿Qué tienes debajo de la cama?

   —Un gato.

8. —Ya lo sé.

   —Lo encontré en la calle.

Ejercicio 1. Mire, escuche y lea. Lea las frases otra vez y escriba el número del dibujo en el espacio en blanco correspondiente.

1. El perro quiere comer la carne. _____

2. Ahora, el perro está comiendo la carne. _____

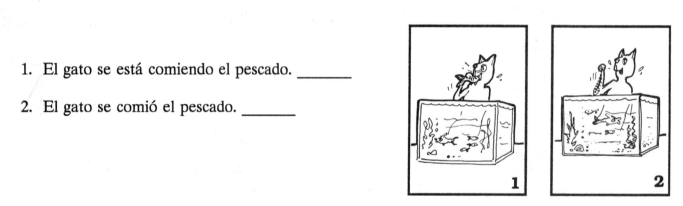

Ejercicio 2. Mire, escuche y lea. Lea las frases otra vez y escriba el número del dibujo en el espacio en blanco correspondiente.

1. El gato se está comiendo el pescado. _____

2. El gato se comió el pescado. _____

Ejercicio 3. Mire, escuche y lea. Lea las frases otra vez y escriba el número del dibujo en el espacio en blanco correspondiente.

1. —¿Puedo ver la pluma y el lápiz? _____

2. —Sí, aquí tiene. _____

3. —Quiero comprar la pluma y el lápiz. _____

4. El hombre le da el dinero a la vendedora. _____

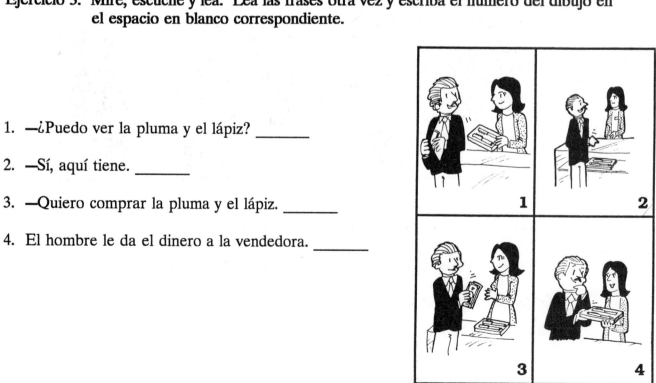

Ejercicio 4. Mire, escuche y lea. Lea las frases otra vez y escriba el número del dibujo en el espacio en blanco correspondiente.

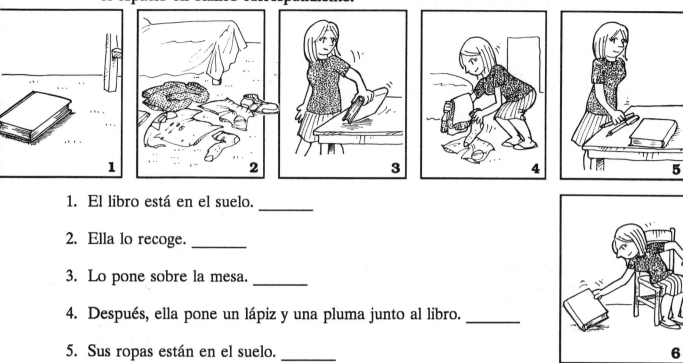

1. El libro está en el suelo. _____

2. Ella lo recoge. _____

3. Lo pone sobre la mesa. _____

4. Después, ella pone un lápiz y una pluma junto al libro. _____

5. Sus ropas están en el suelo. _____

6. Ella recoge sus ropas. _____

Ejercicio 5. Mire, escuche y lea. Lea las frases otra vez y escriba el número del dibujo en el espacio en blanco correspondiente.

1. El ladrón tiene una pistola. El hombre tiene miedo. _____

2. El hombre le da el dinero al ladrón. El hombre tiene miedo. _____

3. Ahora, el hombre se enoja. _____

Ejercicio 6. Mire, escuche y lea. Lea las frases otra vez y escriba el número del dibujo en el espacio en blanco correspondiente.

1. Un perro grande camina hacia una señora. _____

2. La señora ve al perro grande. Ella tiene miedo. _____

3. Corre hacia el policía. _____

4. El policía ve al perro grande. Tiene miedo. _____

5. La señora se sube al árbol. _____

6. El policía se sube al árbol. _____

7. Están sentados en una rama. _____

8. El perro grande mira hacia arriba, al policía y a la señora. _____

9. El policía y la señora ven un pájaro grande. Ellos tienen miedo. _____

10. La rama se rompe. _____

11. El policía y la señora se caen. Tienen miedo. _____

12. Ahora, el pájaro ve al perro. Tiene miedo. _____

Ejercicio 7. Mire, escuche y lea. Lea las frases otra vez y escriba el número del dibujo en el espacio en blanco correspondiente.

1. —El perro grande estaba caminando hacia la señora. _____

2. —La señora vio al perro grande. Tuvo miedo. _____

3. —Corrió hacia el policía. _____

4. —El policía vio al perro grande. Tuvo miedo. _____

5. —La señora se subió al árbol. _____

6. —El policía se subió al árbol. _____

7. —Se sentaron en una rama. _____

8. —El perro grande miró hacia arriba, al policía y a la señora. _____

9. —El policía y la señora vieron un pájaro grande. Tuvieron miedo. _____

10. —La rama se rompió. _____

11. —El policía y la señora se cayeron. Tuvieron miedo. _____

12. —Después, el pájaro vio al perro. Tuvo miedo. _____

Ejercicio 8. Mire, escuche y lea. Lea las frases otra vez y escriba el número del dibujo en el espacio en blanco correspondiente.

1. El camarero derrama el café. Le da vergüenza. _____

2. El café se derrama sobre la señora. La señora se enoja. _____

3. El ladrón tiene una pistola. El camarero y la señora tienen miedo. _____

Ejercicio 9. Mire, escuche y lea. Lea las frases otra vez y escriba el número del dibujo en el espacio en blanco correspondiente.

1. El pájaro ve al gato. Tiene miedo. _____

2. El gato ve al perro. Tiene miedo. _____

3. El perro pequeño ve al perro grande. Tiene miedo. _____

Ejercicio 10. Mire, escuche y lea. Lea las frases otra vez y escriba el número del dibujo en el espacio en blanco correspondiente.

1. El señor está durmiendo. _____

2. El perro está ladrando. _____

3. El señor no puede dormir. Se enoja. _____

Ejercicio 11. Mire, escuche y lea. Lea las frases otra vez y escriba el número del dibujo en el espacio en blanco correspondiente.

1. El perro ve al gato. _____

2. El perro corre detrás del gato. _____

3. El gato se sube a un árbol. _____

Ejercicio 12. Mire, escuche y lea. Lea las frases otra vez y escriba el número del dibujo en el espacio en blanco correspondiente.

1. La pluma y el lápiz están encima de la mesa. _____

2. —¿Puedo tomar el lápiz o la pluma? _____

3. —Toma la pluma. _____

Ejercicio 13. Mire, escuche y lea. Lea las frases otra vez y escriba el número del dibujo en el espacio en blanco correspondiente.

1. El hombre sale de su casa. _____

2. Compra leche en la tienda. _____

3. —¿Dónde estabas? _____

4. —Compré una botella de leche. _____

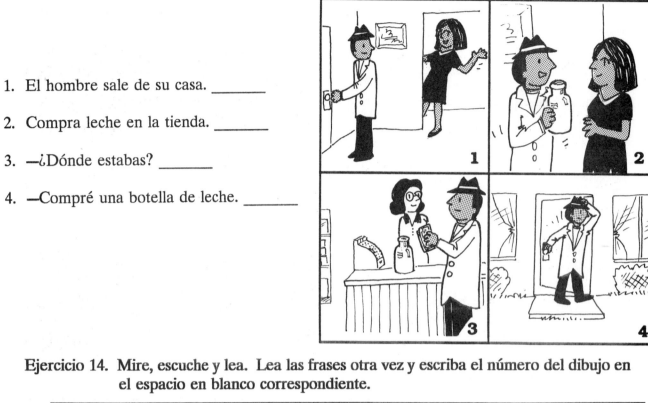

Ejercicio 14. Mire, escuche y lea. Lea las frases otra vez y escriba el número del dibujo en el espacio en blanco correspondiente.

1. El padre está cocinando la cena. _____

2. —¡La cena, la cena! _____

3. Para la cena, el padre, la madre el hijo y la hija están comiendo pollo, papas, zanahorias y pan. _____

4. —Encontré un gusano. ¿Puedo quedarme con el gusano? _____

5. —Lleva el gusano fuera. _____

6. Ella tira el gusano fuera. _____

Ejercicio 15. Mire, escuche y lea. Lea las frases otra vez y escriba el número del dibujo en el espacio en blanco correspondiente.

1. El túnel está oscuro. _____

2. El policía corre detrás del hombre. _____

3. El policía dispara contra el hombre. _____

4. El hombre deja caer la bolsa. _____

5. El dinero se sale de la bolsa. _____

6. Otro policía golpea al hombre en la cabeza con su pistola. _____

7. El hombre se cae. _____

8. Los policías recogen el dinero. _____

Ejercicio 16. Mire, escuche y lea. Lea las frases otra vez y escriba el número del dibujo en el espacio en blanco correspondiente.

1. Hay tres clientes en la tienda. _____

2. Un cliente está comprando un perro. _____

3. El empleado le da el perro al cliente. _____

Ejercicio 17. Mire, escuche y lea. Lea las frases otra vez y escriba el número del dibujo en el espacio en blanco correspondiente.

1. —Déjeme ver su reloj. _____

2. El hombre le muestra su reloj a la señora. _____

3. —Compré el reloj en esa tienda. _____

4. —Déjeme ver su anillo. _____

5. La señora le muestra su anillo al hombre. _____

6. —Compré el anillo en esa tienda. _____

Ejercicio 18. Escuche y lea. Lea el párrafo otra vez y escriba la letra correcta en el espacio en blanco correspondiente.

El padre hizo la cena. El padre, la madre, el hijo y la hija están cenando. Están comiendo pollo y papas. El perro está debajo de la mesa. Está comiendo carne. El mono está comiendo una banana. El gato está también debajo de la mesa. Está bebiendo agua.

1. ¿Qué hay para la cena? _____   A. Una banana

2. ¿Dónde está el gato? _____   B. Está bebiendo agua.

3. ¿Qué está comiendo el mono? _____   C. Pollo y papas

4. ¿Qué está bebiendo el gato? _____   CH. Carne

5. ¿Qué está comiendo el perro? _____ D. Debajo de la mesa

Ejercicio 19. Escuche y lea. Lea las frases otra vez y conteste las preguntas.

1. El hombre lleva un gato y la señora lleva un perro.

   ¿Qué lleva la señora?

   ¿Qué lleva el hombre?

2. La señora va a una tienda de ropa en su automóvil. Hay un hombre sentado dentro del automóvil.

   ¿Dónde está sentado el hombre?

   ¿Adónde va la señora?

3. El vendedor está detrás del mostrador. Está escribiendo con un lápiz.

   ¿Dónde está el vendedor?

   ¿Con qué está escribiendo?

4. El hombre está cortando pan con un cuchillo. La señora está sirviendo el café.

   ¿Qué está sirviendo la señora?

   ¿Con qué está cortando el pan el hombre?

5. Un hombre corre a la tienda de ropa. Lleva una bolsa.

   ¿Qué lleva el hombre?

   ¿Adónde corre?

Ejercicio 20. Mire, escuche y lea. Lea las frases otra vez y escriba el número del dibujo en el espacio en blanco correspondiente.

1. El hombre alto come una manzana. _____

2. El hombre alto se comió una manzana. _____

3. El hombre entra en una casa. _____

4. El hombre entró en una casa. _____

5. La señora derrama la leche sobre el hombre. _____

6. La señora derramó la leche sobre el hombre. _____

7. El bebé da un azote al mono. _____

8. El mono da un azote al bebé. _____

9. El mono tropieza con el bebé. _____

10. El mono tropezó con el bebé. _____

Ejercicio 21. Ejercicio de completar. Escriba la palabra o la expresión correcta en el espacio en blanco correspondiente.

corre	estaba	comió
subiendo	comiendo	subió
está	corre detrás	vio

1. El hombre está _____ pollo.

2. El hombre _____ pollo.

3. El gato _____ en la casa.

4. El gato se _____ al árbol.

5. El gato _____ en la casa. Ahora, el gato está fuera.

Lección 18

Repaso 1. Mire, escuche y lea.

1. El padre y la hija están sentados en la playa.

2. La hija corre hacia el agua. El padre observa a su hija.

3. Está nadando. El padre observa a su hija.

4. Sale del agua.

5. Camina por la playa.

6. —Sécate con esta toalla.

7. La niña se seca con la toalla.

8. Después, el padre y la hija comen pollo para el almuerzo.

9. Un niño con una pelota grande se acerca.

10. Le tira la pelota a ella.

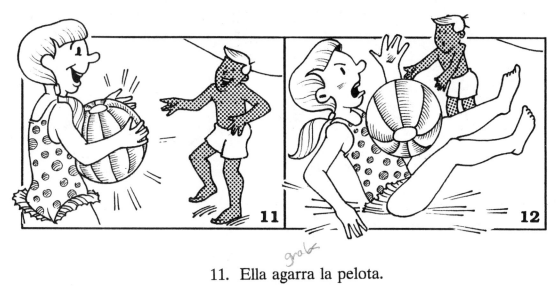

11. Ella agarra la pelota.

12. Después, se cae.

Repaso 2. Mire, escuche y lea.

1. Los Estados Unidos

2. Hay un señor y una señora en el museo.

3. Están mirando un cuadro.

4. —¡Qué horror! —dice la señora. —Está desnuda.
No tiene ropa. ¡Vamos a ver otro cuadro!

5. Un guardián se acerca a una señora.

6. Dice: —¡Está prohibido fumar en el museo!

7. —Mira, eso es una boda —dice el hombre.

8. —Mira este cuadro. Un pintor se está pintando
a sí mismo.

Repaso 3. Mire, escuche y lea.

1. Una señora se sienta en un banco.

2. Observa a las otras señoras.
Están jugando a las cartas.

1. —Mi esposo se está pintando a sí mismo. *himsels*

2. Fuera de la casa, una señora llama a la puerta.

3. Lleva un maletín. *small bag* Ella entra en la casa.

4. El señor y la doctora entran juntos en el dormitorio.

5. —Mi hija está enferma.

6. —Tiene fiebre.

7. La doctora le pone el termómetro a la niña en la boca.

8. —Sí, tiene fiebre.

9. —Este es el remedio.

10. —Déle el remedio.

Repaso 5. Mire, escuche y lea.

1. —Nos vamos a casa ahora.

2. Ellas entran en el automóvil.

3. La madre maneja.

4. Llegan a casa.

banco = bench or bank

Ejercicio de ampliación 1. Mire, escuche y lea.

ready

1. Ella saca la llave del bolso.

2. Abre la puerta con la llave.

3. Pone la llave en el bolso.

4. Abre la puerta.

5. Entra en la casa.

6. —Hola ¿estás lista?

   —Sí, estoy lista.

7. Salen de la casa.

8. Ella saca la llave del bolso.

9. Echa llave a la puerta.

Put

Ejercicio de ampliación 2. Mire, escuche y lea.

   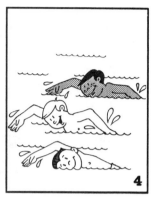

1. El señor camina solo.

2. La señora camina sola.

3. El señor y la señora caminan juntos.

4. Los niños nadan juntos.

 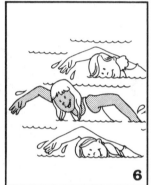  

5. Los niños estaban nadando juntos.

6. Las niñas nadan juntas.

7. Las niñas estaban nadando juntas.

8. Una señora nada sola.

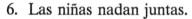   

9. El corre solo.

10. Ella corre sola.

11. Ellos corren juntos.

12. Ellos estaban corriendo juntos.
    Ahora, están sentados en un banco.

Ejercicio de ampliación 3. Mire, escuche y lea.

1. —¡Súbete al árbol tú solo!

    Climb yourself

2. El niño se sube al árbol solo.

3. El niño se subió al árbol solo.

   climbed

4. Las niñas están jugando juntas.

5. El se está pintando a sí mismo.

6. —Usted se pintó a sí mismo.

7. El se pintó a sí mismo.

8. Ella se pintó a sí misma.

9. Ella está de pie en la playa.

10. Ella está sentada en la playa.

11. Un hombre la está mirando.

12. Camina hacia ella.

13. El se marcha.

Ejercicio de ampliación 4. Mire, escuche y lea.

1. —Hay un incendio en la casa. ¡Qué horror!

2. —Ella dispara al hombre. ¡Qué horror!

3. —El perro tropieza con el bebé. ¡Qué horror!

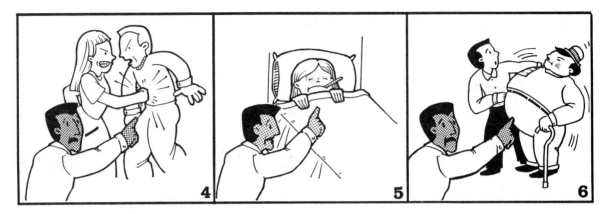

4. —La señora golpea al hombre. ¡Qué horror!

5. —La niña está enferma. ¡Qué horror!

6. —El hombre está muy gordo. No puede caminar. ¡Qué horror!

Ejercicio de ampliación 5. Mire, escuche y lea.

1. Su perro es grande.

2. Su perro es pequeño.

3. Su casa es grande.

4. Su casa es pequeña.

Ejercicio de ampliación 6. Mire, escuche y lea.

1. El entra en su automóvil.

2. El entra en su automóvil.

3. Ella entra en su automóvil.

4. Ellos entran en su automóvil.

5. Sus chaquetas son demasiado grandes
    y sus pantalones demasiado pequeños.

6. Sus cabezas son grandes.

7. Sus cuellos son largos.

8. Sus narices son largas.

9. Las señoras llevan sus bolsos.

Ejercicio de ampliación 7. Mire, escuche y lea.

1. —¿Puede comer solo?

—No —dice la enfermera.

2. —¿Puede caminar solo?

—No —dice la enfermera.

3. —Está muy enfermo —dice la enfermera.

Ejercicio de ampliación 8. Mire, escuche y lea.

1. —¿Puede usted beber el agua solo?

—No.

2. La enfermera toma el vaso de agua.

3. —Abra la boca.

4. El bebe el vaso de agua.

Ejercicio de ampliación 9. Mire, escuche y lea.

1. —¿Puedo jugar yo también?   2. —No, juega tú solo.   3. El juega solo ahora.

Ejercicio de ampliación 10. Mire, escuche y lea.

1. El le da la pelota a ella.

2. El le da la pelota.

3. Ella le da el vaso a él.

4. Ella le da el vaso.

5. Ella le da el vaso a ella.

6. Ella le da el vaso.

Ejercicio de ampliación 11. Mire, escuche y lea.

1. Un gorro

2. Una gorra

3. Un sombrero

4. Una boina o boína

Ejercicio de ampliación 12. Mire, escuche y lea.

1. —Estoy comiendo mucho.

2. —Yo comí mucho.

Ejercicio de ampliación 13. Mire, escuche y lea.

1. El está desayunando.

2. El está almorzando o comiendo.

3. El está comiendo o cenando.

Ejercicio 1. Mire, escuche y lea. Lea las frases otra vez y escriba el número del dibujo en el espacio en blanco correspondiente.

1. La niña está sentada en un banco. _____

2. Otra niña está sentada en una silla. _____

3. Ellas se levantan. _____

Ejercicio 2. Mire, escuche y lea. Lea las frases otra vez y escriba el número del dibujo en el espacio en blanco correspondiente.

1. Una niña le tira la pelota a otra niña. _____

2. La otra niña agarra la pelota. _____

3. Después, ella le tira la pelota al mono. El mono agarra la pelota. _____

Ejercicio 3. Mire, escuche y lea. Lea las frases otra vez y escriba el número del dibujo en el espacio en blanco correspondiente.

1. —Dale el vaso a él. _____

2. Ella le da el vaso a él. _____

3. El bebe el agua. _____

4. —Dame el vaso. _____

5. Ella le da el vaso a ella. _____

6. Ella bebe el agua. _____

Ejercicio 4. Mire, escuche y lea. Lea las frases otra vez y escriba el número del dibujo en el espacio en blanco correspondiente.

1. —Dale el vaso. _____   4. —Dame el vaso. _____

2. Ella le da el vaso. _____   5. Ella le da el vaso. _____

3. El bebe el agua. _____   6. Ella bebe el agua. _____

Ejercicio 5. Mire, escuche y lea. Lea las frases otra vez y escriba el número del dibujo en el espacio en blanco correspondiente.

1. Los niños están tirando huevos. _____

2. El padre les da unos azotes a los niños. _____

3. —Papá nos dio unos azotes. _____

Ejercicio 6. Mire, escuche y lea. Lea las frases otra vez y escriba el número del dibujo en el espacio en blanco correspondiente.

1. El está en la rama. _____

2. Ellos están en la rama. _____

3. Ella los ve en la rama. _____

Ejercicio 7. Mire, escuche y lea. Lea las frases otra vez y escriba el número del dibujo en el espacio en blanco correspondiente.

1. Ella llega a la casa. _____

2. Saca la llave de su bolso. _____

3. Ella abre la puerta con la llave. _____

4. Entra en la casa. _____

5. Pone el gorro sobre la mesa. _____

6. Después, se quita la chaqueta. _____

Ejercicio 8. Mire, escuche y lea. Lea las frases otra vez y escriba el número del dibujo en el espacio en blanco correspondiente.

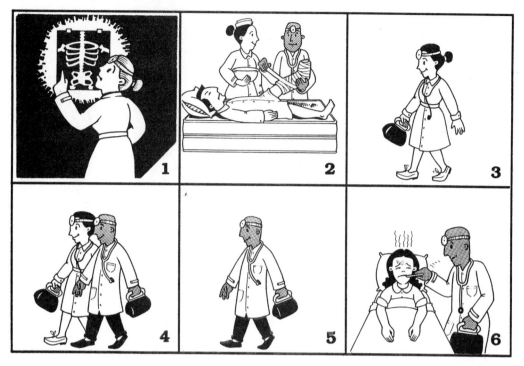

1. El lleva su maletín. _____

2. Ella lleva su maletín. _____

3. Ellos llevan sus maletines. _____

4. Ella examina la radiografía. _____

5. El le pone el termómetro a la niña en la boca. _____

6. Ellos le ponen una escayola al hombre en la pierna. _____

Ejercicio 9. Mire, escuche y lea. Lea las frases otra vez y escriba el número del dibujo en el espacio en blanco correspondiente.

1. Su avión es pequeño. _____

2. Su avión es grande. _____

Ejercicio 10. Mire, escuche y lea. Lea las frases otra vez y escriba el número del dibujo en el espacio en blanco correspondiente.

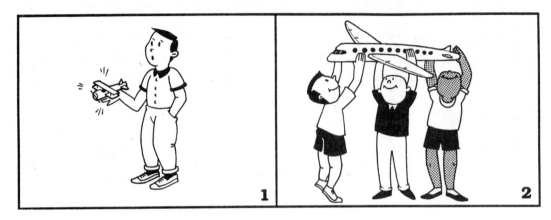

1. Su avión es grande. _____

2. Su avión es pequeño. _____

Ejercicio 11. Mire, escuche y lea. Lea las frases otra vez y escriba el número del dibujo en el espacio en blanco correspondiente.

1. El avión de él es pequeño. _____

2. El avión de ella es grande. _____

3. El avión de ellos es grande. _____

4. El avión de ellas es pequeño. _____

Ejercicio 12. Mire, escuche y lea. Lea las frases otra vez y escriba el número del dibujo en el espacio en blanco correspondiente.

1. El niño ve a la niña. _____

2. Se le acerca. _____

3. Ellos se están riendo. _____

Ejercicio 13. Mire, escuche y lea. Lea las frases otra vez y escriba el número del dibujo en el espacio en blanco correspondiente.

1. El señor y la señora están mirando un cuadro. _____

2. Un hombre se acerca. Lleva a su mono. _____

3. El hombre y el mono están fumando. _____

4. —¡Qué horror! Están fumando en el museo. _____

5. El guardián se acerca al hombre. _____

6. —¡Está prohibido fumar! _____

Ejercicio 14. Mire, escuche y lea. Lea las frases otra vez y escriba el número del dibujo en el espacio en blanco correspondiente.

1. Ella llama a la puerta. _____

2. Un señor abre la puerta. _____

3. Ella entra. _____

4. El cierra la puerta. _____

5. Ellos se besan. _____

6. Después, él le da un regalo. _____

7. Es un peine y un cepillo. _____

8. Ella le da un regalo a él. _____

9. Es una cafetera. _____

10. Después, ellos se besan otra vez. _____

Ejercicio 15. Mire, escuche y lea. Lea las frases otra vez y escriba el número del dibujo en el espacio en blanco correspondiente.

1. —El fuma. _____

2. —El está fumando. _____

3. —El estaba fumando. _____

4. —El está fumando otra vez. _____

Ejercicio 16. Mire, escuche y lea. Lea las frases otra vez y escriba el número del dibujo en el espacio en blanco correspondiente.

1. —Estoy comiendo mucho. _____

2. —Yo comí mucho. _____

3. —Estás comiendo mucho otra vez. _____

Ejercicio 17. Mire, escuche y lea. Lea las frases otra vez y escriba el número del dibujo en el espacio en blanco correspondiente.

1. —Ellos quieren la pelota. _____

2. El hombre les da la pelota a los niños. _____

3. Después, un niño dice: —Quiero la pelota. _____

Ejercicio 18. Mire, escuche y lea. Lea las frases otra vez y escriba el número del dibujo en el espacio en blanco correspondiente.

1. La niña se mete en el agua. _____

2. La madre está echada sobre la toalla. La niña está nadando. _____

3. Ella sale del agua. _____

4. —Aquí tienes una toalla. Sécate. _____

5. Ella se seca. _____

6. Después, le da la toalla a su madre. _____

Ejercicio 19. Mire, escuche y lea. Lea las frases otra vez y escriba el número del dibujo en el espacio en blanco correspondiente.

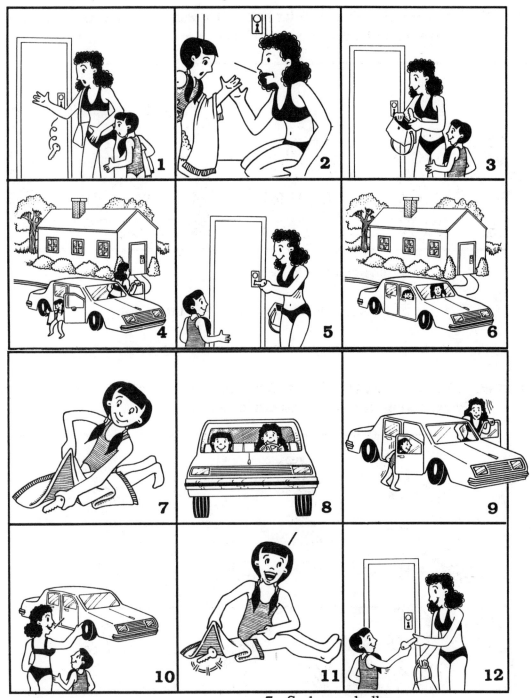

1. —Nos vamos a casa ahora. _____

2. Ellas entran en el automóvil. _____

3. La madre maneja. _____

4. Llegan a casa. _____

5. Salen del automóvil. _____

6. La madre saca la llave del bolso. _____

7. Se le cae la llave. _____

8. —No encuentro la llave. _____

9. —Ya la encontré. Está aquí, debajo de la toalla. _____

10. La niña recoge la llave. _____

11. Después, se la da a su madre. _____

12. La madre abre la puerta con la llave. _____

Ejercicio 20. Mire, escuche y lea. Lea las frases otra vez y escriba el número del dibujo en el espacio en blanco correspondiente.

1. Ellas entran en la casa. _____

2. La madre cierra la puerta. _____

3. Ellas suben las escaleras. _____

4. La madre entra en su habitación. _____

5. Se pone un vestido. _____

6. La hija mira por la ventana. _____

7. —Mira, papá está aquí. Papá está en casa. _____

8. —Vete a tu habitación y ponte un vestido.

La madre se está abotonando el vestido. _____

Ejercicio 21. Mire, escuche y lea. Lea las frases otra vez y escriba el número del dibujo en el espacio en blanco correspondiente.

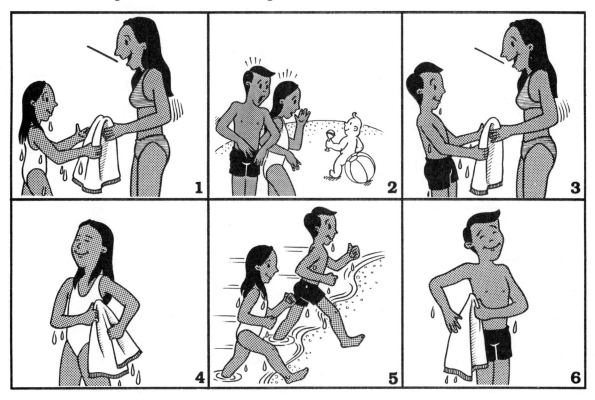

1. El niño y la niña salen del agua. _____

2. La madre le da a su hijo una toalla y le dice:
   —Sécate. _____

3. La madre le da otra toalla a su hija y le dice:
   —Sécate. _____

4. El se seca. _____

5. Ella se seca. _____

6. Ellos ven un bebé. Está desnudo. _____

Ejercicio 22. Mire, escuche y lea. Lea las frases otra vez y escriba el número del dibujo en el espacio en blanco correspondiente.

1. —Ese es su libro. _____

2. —Este es mi libro. _____

Ejercicio 23. Mire, escuche y lea. Lea las frases otra vez y escriba el número del dibujo en el espacio en blanco correspondiente.

1. —Ese es su libro. _____

2. —Ese es su libro. Ellos lo están leyendo. _____

3. —Este es tu libro. Mi libro está sobre la mesa. _____

Ejercicio 24. Mire, escuche y lea. Lea las frases otra vez y escriba el número del dibujo en el espacio en blanco correspondiente.

1. —Este es mi helado y ése es tu helado. _____

2. —¡No! Ese es mi helado. Mi helado tiene una cuchara dentro. _____

3. El toca el helado. El helado se cae de la mesa. _____

4. El helado, el tazón y la cuchara están en el suelo. _____

5. —Quiero este helado. Tu helado está en el suelo. _____

6. El perro y el gato ven el helado en el suelo. _____

7. Se acercan al helado. _____

8. —¡Mira! El gato se está comiendo el helado. _____

Ejercicio 25. **Mire, escuche y lea.** Lea las frases otra vez y escriba el número del dibujo en el espacio en blanco correspondiente.

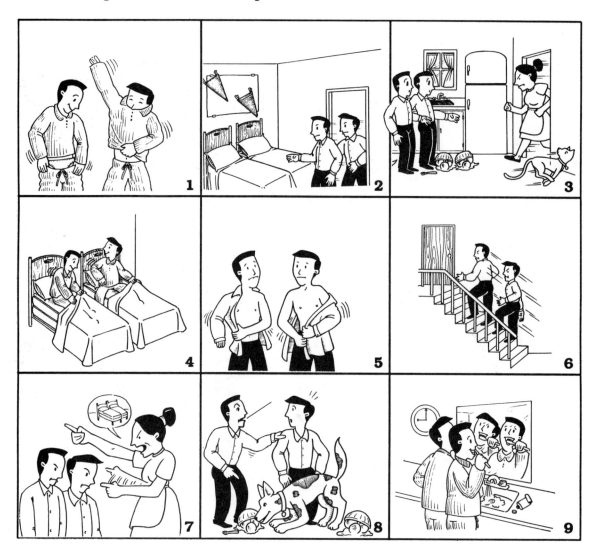

1. —El perro se está comiendo el helado. _____

2. La madre entra en la cocina. _____

3. Ella dice:
   —¡A la cama, los dos.! _____

4. Ellos suben las escaleras. _____

5. Entran en su habitación. _____

6. Se quitan las ropas. _____

7. Se ponen los pijamas. _____

8. Se cepillan los dientes. _____

9. Se meten en la cama. _____

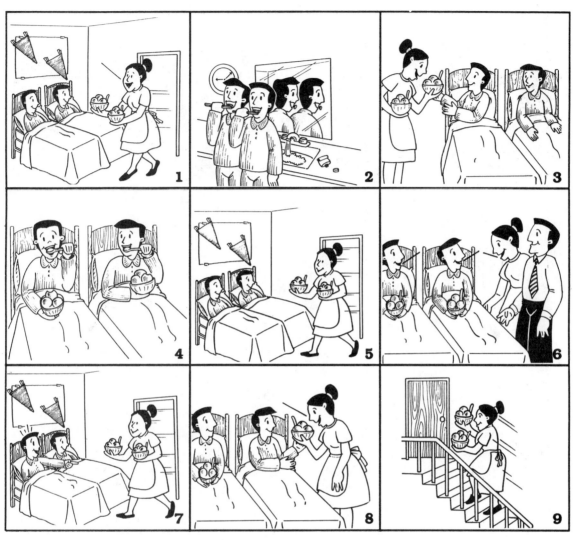

Ejercicio 26. Mire, escuche y lea. Lea las frases otra vez y escriba el número del dibujo en el espacio en blanco correspondiente.

1. La madre sube las escaleras. Lleva dos helados. _____

2. Entra en la habitación de los niños. _____

3. —¡Mira! Mamá trae dos helados. _____

4. La madre dice: —Tengo helado para los dos. _____

5. —Tú te comes uno. _____

6. —Y, tú te comes el otro. _____

7. —Gracias, mamá.

   —Gracias, mamá.

   —De nada.

   El padre está ahora junto a la madre. _____

8. Los niños se comen el helado. _____

9. Después, se cepillan los dientes otra vez. _____

232

Ejercicio 27. Mire, escuche y lea. Lea las frases otra vez y escriba el número del dibujo en el espacio en blanco correspondiente.

1. El camarero le sirve pollo y zanahorias al bombero. _____

2. El camarero le sirve espaguetis al hombre gordo. _____

3. El bombero ve al hombre gordo comiendo espaguetis. _____

4. El hombre gordo ve al bombero comiendo pollo y zanahorias. _____

5. El bombero se marcha del restaurante. _____

6. El hombre gordo sigue comiendo. _____

7. Después, se marcha del restaurante. _____

8. El bombero entra en el restaurante. _____

9. El hombre gordo entra en el restaurante. _____

10. El camarero le da un menú al bombero. _____

Ejercicio 28. Mire, escuche y lea. Lea las frases otra vez y escriba el número del dibujo en el espacio en blanco correspondiente.

1. El camarero le da un menú al hombre gordo. _____

2. —Espaguetis, por favor —dice el hombre gordo. _____

3. —Carne, papas y una manzana, por favor —dice el bombero. _____

4. El camarero le sirve la comida al bombero. _____

5. Después, le sirve la comida al hombre gordo. _____

6. El hombre gordo está comiendo espaguetis. _____

7. El bombero está comiendo carne, papas y una manzana. _____

8. El bombero se pone las gafas. _____

9. El bombero ve al hombre gordo comiendo espaguetis otra vez. _____

10. Todos miran al hombre gordo y el camarero trae más espaguetis. _____

234

Ejercicio 29. Mire, escuche y lea. Lea las frases otra vez y escriba el número del dibujo en el espacio en blanco correspondiente.

1. El hombre gordo está comiendo espaguetis y bebiendo agua. _____

2. El hombre gordo se comió los espaguetis y se bebió el agua. _____

3. El se marcha del restaurante. _____

Ejercicio 30. Mire, escuche y lea. Lea las frases otra vez y escriba el número del dibujo en el espacio en blanco correspondiente.

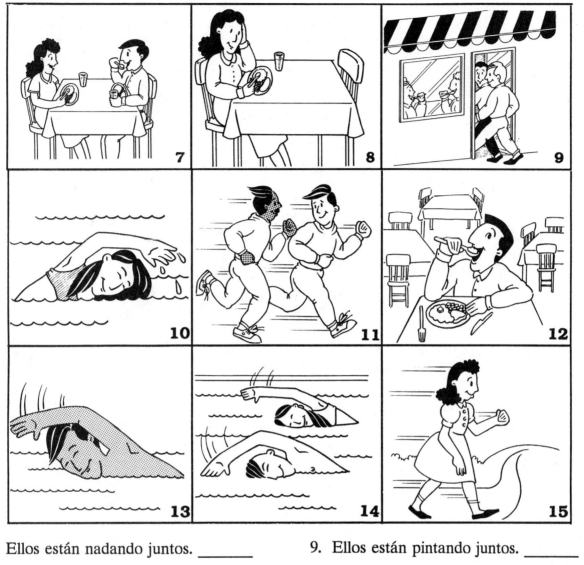

1. Ellos están nadando juntos. _____

2. El está nadando solo. _____

3. Ella está nadando sola. _____

4. El está comiendo solo. _____

5. Ella está comiendo sola. _____

6. Ellos están comiendo juntos. _____

7. Ella está pintando sola. _____

8. El está pintando solo. _____

9. Ellos están pintando juntos. _____

10. El se está pintando a sí mismo. _____

11. Ella se está pintando a sí misma. _____

12. El camina solo. _____

13. Ella camina sola. _____

14. Ellos corren juntos. _____

15. Juntos entran en el restaurante. _____

Ejercicio 31. Mire, escuche y lea. Lea las frases otra vez y escriba el número del dibujo en el espacio en blanco correspondiente.

1. Ella le tira la pelota _____

2. El agarra la pelota. _____

3. El le tira la pelota _____

4. La pelota la golpea en la cabeza. _____

5. Ella se cae. _____

6. Su madre corre hacia ella. _____

7. La niña se levanta. _____

8. Su madre le da la pelota. _____

9. Después, el niño y la niña se meten juntos en el agua. _____

Ejercicio 32. **Mire, escuche y lea.** Lea las frases otra vez y escriba el número del dibujo en el espacio en blanco correspondiente.

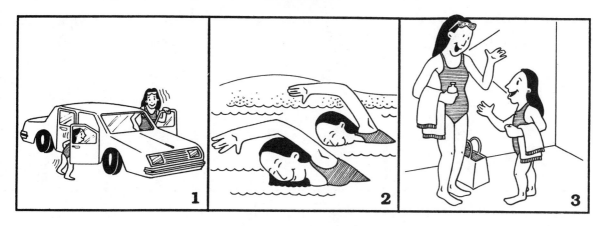

1. —¿Estás lista?

   —Sí, estoy lista. _____

2. La madre y la hija entran en el carro. _____

3. Están nadando juntas. _____

Ejercicio 33. **Mire, escuche y lea.** Lea las frases otra vez y escriba el número del dibujo en el espacio en blanco correspondiente.

1. —¿Estás lista?

   —Sí, estoy lista. _____

2. Ella baja las escaleras. _____

3. El pintor está pintando un cuadro de la boda. _____

238

Ejercicio 34. Mire, escuche y lea. Lea las frases otra vez y escriba el número del dibujo en el espacio en blanco correspondiente.

1. —Hay un incendio en la casa de ellos.

   —¡Qué horror! _____

2. El padre, la madre, el hijo y la hija salen corriendo de la casa. _____

3. El mono está en la casa. El niño llora.

   —¡Qué horror! _____

4. Todos se vuelven. _____

5. El mono sale corriendo de la casa. _____

Ejercicio 35. **Mire, escuche y lea.** Lea las frases otra vez y escriba el número del dibujo en el espacio en blanco correspondiente.

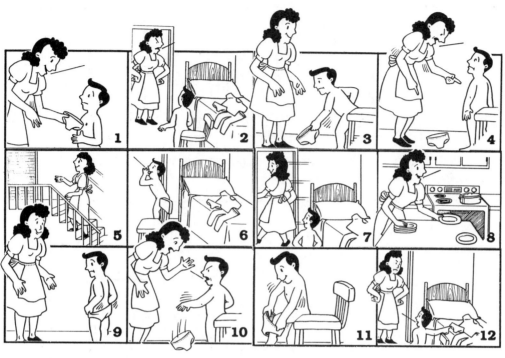

1. La madre pone los platos sobre la mesa.
   —La comida está lista —dice la madre. _____

2. Su hijo pequeño dice:
   —Yo no estoy listo. _____

3. La madre sube las escaleras. _____

4. Ve a su hijo desnudo y dice:
   —¡Qué horror! ¿Dónde están tus ropas? _____

5. —Encima de la cama. _____

6. —Por favor, ponte las ropas. Aquí están tus calzoncillos. _____

7. —¡No! —El niño tira los calzoncillos al suelo. _____

8. —¡Recoge los calzoncillos! _____

9. El niño recoge los calzoncillos. _____

10. Se pone los calzoncillos. _____

11. Su madre se marcha de la habitación. _____

12. El niño se quita los calzoncillos. _____

Ejercicio 36. Mire, escuche y lea. Lea el párrafo otra vez y conteste las preguntas.

Juan es pintor. Pinta árboles y casas. También se pinta a sí mismo. Ahora, está sentado en un banco y está pintando a un señor y a una señora.

Escriba *Sí* o *No* en el espacio en blanco.

1. Juan está pintando árboles y casas. _____

2. Juan está pintando a un señor y a una señora. _____

3. Juan se está pintando a sí mismo. _____

4. Juan está echado en un banco. _____

5. Juan pinta árboles y casas. _____

Ejercicio 37. Mire, escuche y lea. Lea el párrafo otra vez y conteste las preguntas.

María está en la cocina. Abre la puerta del frigorífico y saca una botella de leche. Vierte la leche en un vaso. Después, se bebe la leche. Guillermo le dice: —Tú te bebiste un vaso de leche. Yo también quiero uno.

Escriba *Sí* o *No* en el espacio en blanco.

1. Guillermo se bebió un vaso de leche. _____

2. María se bebió un vaso de agua. _____

3. Guillermo se comió una banana. _____

4. La leche estaba en el frigorífico. _____

5. María y Guillermo están fuera. _____

Ejercicio 38. Mire, escuche y lea. Lea el párrafo otra vez y conteste las preguntas.

Juan está pintando a un hombre. El hombre está comiendo espaguetis. Tiene una servilleta alrededor del cuello. Junto al hombre hay una señora. Ella está besando al hombre gordo en la cabeza. Ella es su esposa.

Preguntas

1. ¿Qué está comiendo el hombre gordo?

2. ¿Está la señora besando al hombre gordo?

3. ¿Dónde lo besa?

4. ¿Está Juan pintando al hombre gordo?

Ejercicio 39. Ejercicio de completar. Escriba la palabra o expresión correcta en el espacio en blanco correspondiente.

pilota	bebiendo	dentro de
juntos	fuera	derramó
listo	bebió	

1. La cocina está _____ la casa.

2. El maneja el automóvil y ella _____ un avión.

3. Ella _____ la leche sobre su camisa.

4. Ella está _____ leche.

5. Ellos se marchan de la casa _____.

Lección 19

Repaso. Mire, escuche y lea.

1. La señora García está enojada.

2. Un perro corre detrás de un gato por el jardín.

3. La mayoría de los tallos de las flores del jardín de la señora García están rotos.

4. Ella espanta al perro.

5. Después, al gato. El gato se sube a un árbol.

6. Llama al señor García, su esposo.

7. —Hola, Juan. Soy Beatriz.

8. —Un perro corrió detrás de un gato por el jardín.

9. —¿Un gato corrió detrás de un perro por el jardín?

10. —No, un perro corrió detrás de un gato por el jardín.

11. —¿Qué sucedió después?

12. —Espanté al perro. Después, espanté al gato. El gato se subió a un árbol. Me enojé mucho. Ahora, la mayoría de los tallos de las flores están rotos.

13. —Después, volvieron.

14. —¿Volvieron? ¿Y, qué sucedió?

15. —Espanté al perro y espanté al gato. El gato se subió a un árbol. Ahora, la mayoría de los tallos de las flores están rotos.

Ejercicio de ampliación 1. Mire, escuche y lea.

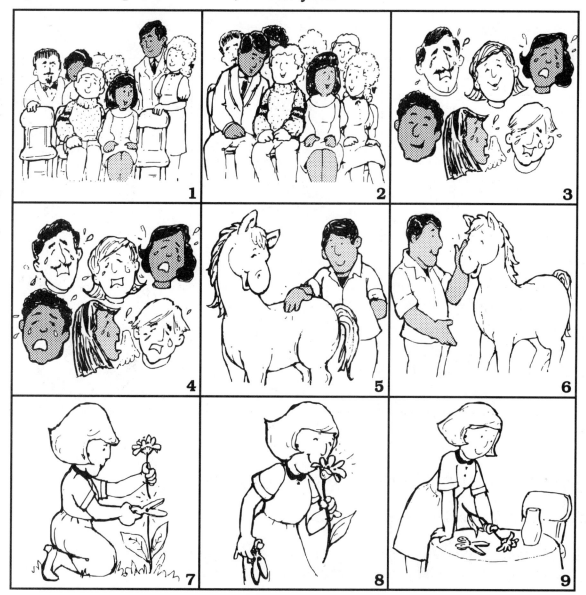

1. La mayoría de los señores y las señoras están sentados.

2. Todos los señores y las señoras están sentados.

3. La mayoría de los señores y las señoras están llorando.

4. Todos los señores y las señoras están llorando.

5. El toca al caballo.

6. Después, él toca al caballo otra vez.

7. Ella corta el tallo de la flor.

8. Después, huele la flor.

9. Pone la flor encima de la mesa.

246

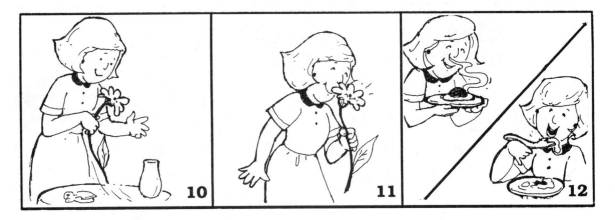

10. Ella toma la flor.

11. Huele la flor otra vez.

12. Ella huele el huevo. Después, se come el huevo.

Ejercicio de ampliación 2. Mire, escuche y lea.

1. —Compré unas manzanas y una zanahoria.

2. —Yo compré una manzana y unas zanahorias.

3. —Por favor, vierte un poco de leche en el vaso.

4. Ella está virtiendo leche en el vaso.

5. —Yo vertí un poco de leche en el vaso.

6. —Tú vertiste demasiada leche en el vaso.

7. Ella toma el vaso de leche y derrama un poco de leche sobre la mesa.

8. —Compré una camisa para Juan. El quería una.

9. —También compré un vestido para María. Ella quería uno.

10. —¿Qué le sucedió a las flores? Los tallos están rotos.

11. —Un perro corrió por mi jardín.

Ejercicio de ampliación 3. Mire, escuche y lea.

1. El camina hacia la puerta.

2. Después, sale por la puerta.

3. Ella camina hacia el agua.

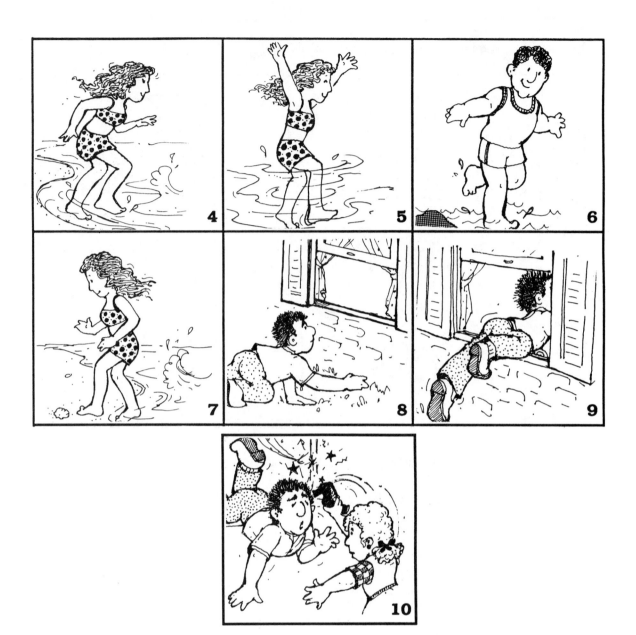

4. Se mete en el agua.

5. Camina en el agua.

6. Un hombre camina en el agua.

7. Ella sale del agua.

8. El camina a gatas hacia la ventana.

9. El entra a gatas por la ventana.

10. Ella lo golpea a él en la cabeza con el zapato.

Ejercicio de ampliación 4. Mire, escuche y lea.

1. Ellos huelen el humo.

2. Después, ven el incendio.

3. Caminan entre el humo. Un automóvil está ardiendo.

4. El corre hacia el jardín.

5. Después, él corre por el jardín.

6. —El corrió por el jardín.

Ejercicio de ampliación 5. Mire, escuche y lea.

1. La señora está comiendo. Ella dice:
   —La comida en este restaurante es buena.

2. La otra señora dice: —Sí, la comida es
   muy buena en este restaurante.

3. Todos comen.

Ejercicio de ampliación 6. Mire, escuche y lea.

1. —Tú eres alto. Yo no soy alto.

2. —Tú eres alta. Yo no soy alta.

3. —Ellos son altos.

4. —Nosotros somos altos. Ellos no son altos.

5. —El está cortando papel.

6. —Ellas están cortando papel.

7. —Ellos están cortando papel.

8. —Ellos están cortando papel.

9. —Nosotros estamos cortando papel. Ellos están leyendo.

10. —Nosotros somos delgados. Ellos son gordos.

11. —Nosotros estamos comiendo espaguetis.

12. —Nosotras estamos nadando. Ellos están caminando por la playa.

13. —Nosotras estuvimos nadando. Ahora, estamos en la playa.

14. Su padre les da unos azotes.

15. Ellos están llorando.

16. Ellos estaban llorando.

Ejercicio de ampliación 7. Mire, escuche y lea.

1. —¡Come tu cena!

2. Su madre se marcha de la cocina.

3. El tira la cena afuera.

4. —¡Muy bien! Comiste tu cena.

5. La madre dice: —Ahora, vete a la cama.

6. El niño pequeño corre a otra habitación.

7. La madre corre detrás del niño.

8. Levanta al niño del suelo.

9. Lo lleva a su habitación.

10. Después, lo pone en el suelo.

11. El se quita los pantalones.

12. —¡Recoge tus pantalones!

13. —¡Recoge tus pantalones inmediatamente!

14. El recoge sus pantalones.

15. —Ahora, métete en la cama. ¡Métete en la cama!

16. El se mete en la cama.

17. Cierra los ojos.

18. Su madre lo besa.

19. Apaga la luz y, después, se marcha de la habitación.

20. El niño se levanta de la cama.

21. Mira por la ventana.

22. Ve un perro. Detrás del perro hay un mono.
Delante del perro hay un gato. Están
durmiendo.

23. Su madre abre la puerta. Está enojada. Ella dice:
—¡Métete en la cama!

24. El corre hacia su cama. Ella dice: —¡Muy bien!

25. Después, cierra la puerta.

Ejercicio de ampliación 8. Mire, escuche y lea.

1. El camarero derrama la leche sobre la señora. Le da vergüenza.

2. La señora está enojada.

3. El esposo está leyendo. Su esposa está fumando.

4. Hay humo en la habitación. El está enojado.

Ejercicio de ampliación 9. Mire, escuche y lea.

1. El camarero está en la cocina.

2. Después, él se marcha de la cocina.

3. Sirve helado al hombre.

4. Vuelve a la cocina.

5. En la cocina, él corta la torta.

6. Después, vuelve a la mesa del hombre.

Ejercicio de ampliación 10. Mire, escuche y lea.

1. La gente en el restaurante está comiendo.

   Some people   *"hente"*

2. Alguna gente está comiendo pollo, otra gente
   está comiendo carne y otra gente está
   comiendo pescado.

Ejercicio de ampliación 11. Mire, escuche y lea.

1. El hombre gordo está comiendo un plato de espaguetis.

2. —¡Mira! El hombre gordo quiere otro plato de espaguetis.

   carried

3. —¡Mira! El camarero llevó el plato de espaguetis a la mesa
   del hombre gordo. El quería otro plato de espaguetis.

   wanted

Ejercicio 1. Mire, escuche y lea. Lea las palabras otra vez y escriba el número del dibujo en el espacio en blanco correspondiente.

1. La familia _____

2. La madre _____

3. El padre _____

4. El hijo _____

5. La hija _____

Ejercicio 2. Mire, escuche y lea. Lea las palabras otra vez y escriba el número del dibujo en el espacio en blanco correspondiente.

1. La familia _____

2. El esposo y la esposa _____

3. El hermano y la hermana _____

Ejercicio 3. Mire, escuche y lea. Lea las frases otra vez y escriba el número del dibujo en
el espacio en blanco correspondiente.

1. El padre y la madre están comiendo. _____

2. Los niños están comiendo. _____

3. El perro está comiendo. _____

Ejercicio 4. Mire, escuche y lea. Lea las frases otra vez y escriba el número del dibujo en
el espacio en blanco correspondiente.

1. El esposo llega a casa. _____

2. Abre la puerta con la llave y entra. _____

3. Toma los pescados del frigorífico. _____

4. Los cocina. _____

5. Su esposa llega a casa. _____

6. —Hola.

—Hola.

El esposo besa a la esposa. _____

Ejercicio 5. Mire, escuche y lea. Lea las frases otra vez y escriba el número del dibujo en el espacio en blanco correspondiente.

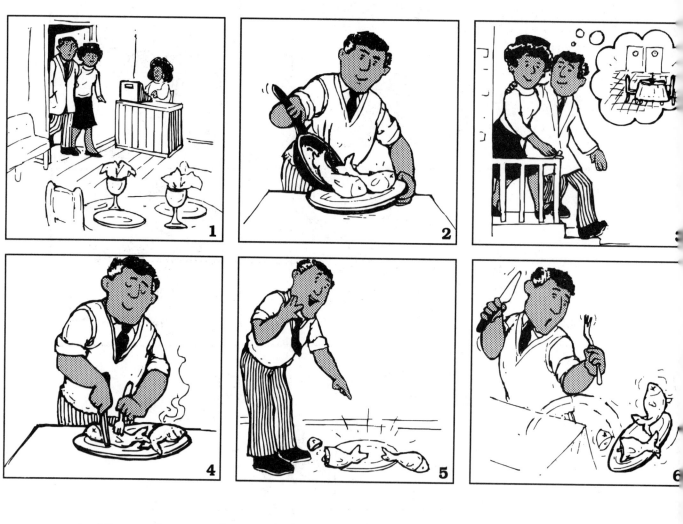

1. El pone los pescados en el plato. _____

2. Corta la cabeza de un pescado. _____

3. Después, se le cae el plato. _____

4. —¡Oh! Se me cayó el plato de pescado al suelo. _____

5. El esposo y la esposa se marchan de su casa. Van al restaurante. _____

6. Entran en el restaurante. _____

Ejercicio 6. Mire, escuche y lea. Lea las frases otra vez y escriba el número del dibujo en el espacio en blanco correspondiente.

1. Ellos comen pescado para cenar. _____

2. Se levantan. _____

3. Después, se marchan del restaurante. _____

4. Un camarero le dice a otro camarero:
    —Ese es el sombrero del señor. _____

5. El camarero corre afuera. _____

6. El ve al esposo y a su esposa. Están
    entrando en el automóvil. _____

7. Corre hacia el automóvil. _____

8. Le da el sombrero al señor y dice:
    —Encontré su sombrero en el suelo,
    junto a su silla. _____

262

Ejercicio 7. Mire, escuche y lea. Lea las frases otra vez y escriba el número del dibujo en el espacio en blanco correspondiente.

1. El esposo y la esposa caminan por el jardín. _____

2. Ven dos árboles. _____

3. Ven flores con tallos muy largos. _____

4. Ven un pájaro y el pájaro ve un gusano. _____

Ejercicio 8. Mire, escuche y lea. Lea las frases otra vez y escriba el número del dibujo en el espacio en blanco correspondiente.

1. Ella ve una flor grande. _____

2. Huele la flor grande. _____

3. Corta el tallo de la flor. _____

4. Huele la flor otra vez y dice:

    —Ven aquí y huele esta flor. _____

5. El huele la flor. _____

6. Después, ellos ven a dos hombres. Están cortando unas flores. _____

Ejercicio 9. Mire, escuche y lea. Lea las frases otra vez y escriba el número del dibujo en el espacio en blanco correspondiente.

1. El perro corre por el jardín. _____

2. La mayoría de los tallos de las flores están rotos. _____

3. La señora García está enojada. Ella le dice a su esposo:
   —Mira, el perro corrió por el jardín. La mayoría
   de los tallos de las flores están rotos. _____

4. Después, el perro vuelve. El señor y la señora García lo ven.
   Está corriendo por el jardín otra vez. _____

5. Ella se vuelve hacia su esposo y dice:
   —El perro corrió por el jardín otra vez.
   Ahora, todos los tallos de las flores están rotos. _____

Ejercicio 10. Mire, escuche y lea. Lea las frases otra vez y escriba el número del dibujo en el espacio en blanco correspondiente.

1. Algunos de los niños están comiendo. _____

2. La mayoría de los niños están comiendo. _____

3. Todos los niños están comiendo. _____

Ejercicio 11. Mire, escuche y lea. Lea las frases otra vez y escriba el número del dibujo en el espacio en blanco correspondiente.

1. Ellos ven un poco de humo. _____

2. Caminan entre el humo. _____

3. Después, ven un incendio. _____

   Some
4. Algunas de las casas están ardiendo. _____

5. La mayoría de las casas están ardiendo. _____

6. Todas las casas están ardiendo. _____

7. —¿Qué sucedió?

   I saw
   —Vi el humo y, después, vi el fuego. _____

8. —¿Dónde están los bomberos?

   —Ahora vienen. _____

Ejercicio 12. Mire, escuche y lea. Lea las frases otra vez y escriba el número del dibujo en el espacio en blanco correspondiente.

1. El ladrón tiene una pistola. _____

2. Un policía se acerca. _____

3. Golpea al ladrón con su pistola en la cabeza. _____

4. —¿Qué sucedió?

    —El policía se acercó y golpeó al ladrón en la cabeza con su pistola. _____

Ejercicio 13. Mire, escuche y lea. Lea las frases otra vez y escriba el número del dibujo en el espacio en blanco correspondiente.

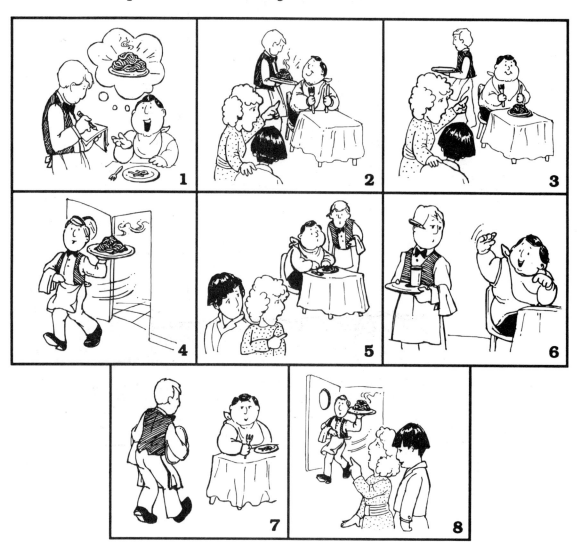

1. —¡Camarero! Venga aquí, por favor. _____

2. El camarero se acerca al hombre. _____

3. —Otro plato de espaguetis, por favor. _____

4. —¡Mira! El camarero fue a la mesa del hombre. _____

5. El camarero vuelve de la cocina con otro plato de espaguetis. _____

6. —¡Mira! El camarero vuelve de la cocina con otro plato de espaguetis. _____

7. —El camarero lleva el plato de espaguetis a la mesa del hombre gordo. El hombre gordo quería otro plato de espaguetis. _____

8. —¡Mira! El camarero llevó el plato de espaguetis a la mesa del hombre gordo. El quería otro plato de espaguetis. Ahora, el camarero vuelve a la cocina. _____

Ejercicio 14. Mire, escuche y lea. Lea las frases otra vez y escriba el número del dibujo en el espacio en blanco correspondiente.

1. La gente mira por la ventana. _____

2. La gente mira hacia arriba. _____

3. La gente ve algo. _____

4. La gente mira un avión. _____

5. El avión aterriza. _____

6. La gente mira hacia abajo. Sale gente pequeña del avión. _____

Ejercicio 15. Mire, escuche y lea. Lea las frases otra vez y escriba el número del dibujo en el espacio en blanco correspondiente.

1. Todos tienen miedo. Todos huyen de la gente pequeña. _____

2. Tienen tres ojos. _____

3. Un hombre pequeño con tres ojos se acerca a un policía. _____

4. Le da unas flores al policía. Las flores son grandes y tienen tallos largos. _____

5. El policía toma las flores y dice: —Gracias. _____

6. La gente pequeña vuelve al avión. _____

7. El avión despega. _____

Ejercicio 16. **Mire, escuche y lea.** Lea las frases otra vez y escriba el número del dibujo en el espacio en blanco correspondiente.

1. —¿Qué sucedió? —dice la señora al hombre. _____

2. —Un avión aterrizó y gente pequeña salió de él. _____

3. —Todos tuvieron miedo y huyeron de la gente pequeña con tres ojos. _____

4. —Un hombre pequeño con tres ojos se acercó a un policía. _____

5. —Le dio al policía unas flores y el policía las tomó. _____

6. —Después, ellos volvieron al avión y el avión despegó. _____

Ejercicio 17. Escuche y lea. Lea el párrafo otra vez y conteste las preguntas.

—María es mi hija. Pilar es mi hija. Yo tengo dos hijas. María y Pilar son hermanas. La madre de María y Pilar es alta. Pilar está llorando. Le duele el estómago.

Escriba *Sí* o *No* en los espacios en blanco.

1. Pilar es la hermana de María. _____

2. María es la hija de Pilar. _____

3. La madre de Pilar y María es alta. _____

4. A Pilar le duele el estómago. _____

5. La madre tiene una hermana. _____

Ejercicio 18. Escuche y lea. Lea el párrafo otra vez y conteste las preguntas.

El pintor pintó tres cuadros. Pintó un cuadro de un gato y otro cuadro de un perro. También pintó un cuadro de un jardín con flores. Las flores tienen tallos largos.

Escriba *Sí* o *No* en los espacios en blanco.

1. El pintor pintó algunos cuadros. _____

2. Pintó un cuadro de un perro. _____

3. Pintó un cuadro de un bebé. _____

4. Los tallos de las flores son cortos. _____

5. El perro está en el jardín con flores. _____

Ejercicio 19. Mire, escuche y lea. Lea el párrafo otra vez y conteste las preguntas.

La familia está sentada. —Roberto es mi hijo y María es mi hija. Yo tengo un hijo y una hija. Carmen es mi esposa. Ella es la madre de Roberto y de María.

Escriba *Sí* o *No* en los espacios en blanco.

1. La madre de Roberto y de María es Carmen. _____

2. Carmen está de pie. _____

3. Roberto es el hermano de María. _____

4. Carmen y Roberto son niños. _____

5. La hija de Carmen es la hermana de Roberto. _____

Ejercicio 20. Conversación. Mire, escuche y lea. Lea las frases otra vez y conteste las preguntas.

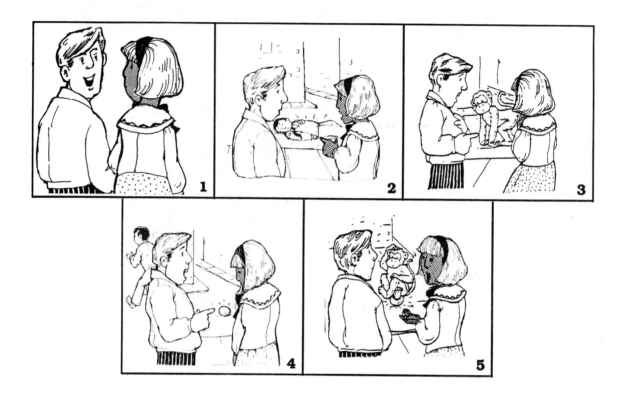

1. —¿Qué le sucedió al hombre?

2. —Se cayó en la calle.

3. —Hay un mono en la calle.

4. —¡Mira! Hay un huevo en la calle.

5. —¡Sí! Ahora, el mono está sentado sobre el huevo.

Preguntas

1. ¿Qué le sucedió al hombre?

2. ¿Dónde están el mono y el huevo?

3. ¿Dónde estaba el hombre?

Ejercicio 21. Partes del cuerpo. Mire, escuche y lea. Identifique la parte del cuerpo y escriba el número del dibujo en el espacio en blanco correspondiente.

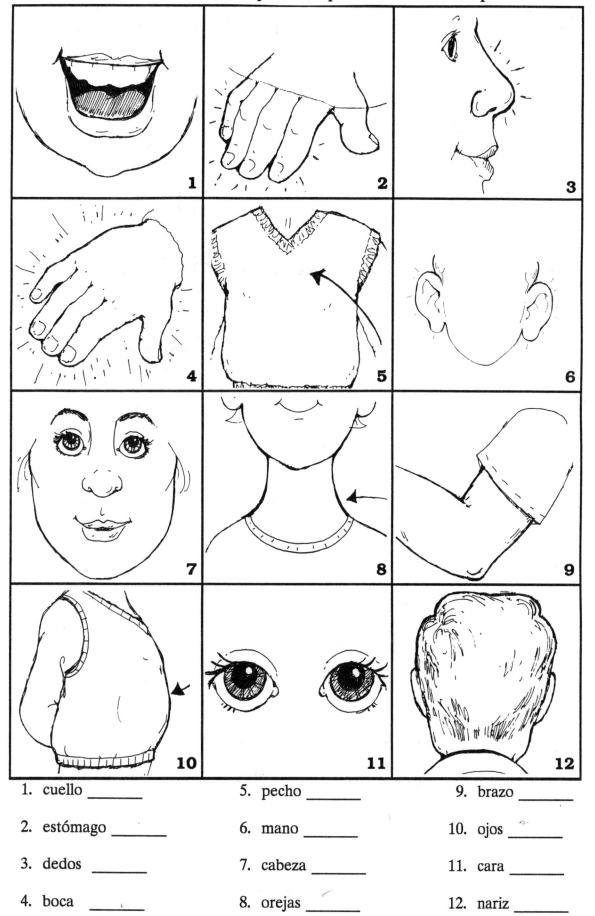

1. cuello _____

2. estómago _____

3. dedos _____

4. boca _____

5. pecho _____

6. mano _____

7. cabeza _____

8. orejas _____

9. brazo _____

10. ojos _____

11. cara _____

12. nariz _____

Ejercicio 22. **Ejercicio de completar. Escriba la palabra correcta en el espacio en blanco correspondiente.**

dónde	quiero	están
besó	qué	vete
está	cae	

1. —_____ a la cama.

2. —Yo _____ su dinero —dice el ladrón.

3. Ella _____ al gato.

4. Ella les dio unos azotes a los niños. Los niños _____ llorando.

5. —¿_____ hay en el tazón?

Lección 20

Repaso 1. Mire, escuche y lea.

1. Rebanada de pan
   slice

2. Rodaja de carne
   slice

3. Una porción de papas fritas
   One (ha)

4. Dos porciones de papas fritas
   two

5. Un plato de huevos

6. Un plato de espaguetis

Repaso 2. Mire, escuche y lea.

1. El restaurante sirve hamburguesas, papas fritas y Coca-cola.

2. El restaurante sirve sandwiches de carne asada. *roast*

3. El restaurante sirve también sopa y perritos calientes.

4. La carne asada, las hamburguesas y los perritos calientes son carne. *roasted meat*

5. El cocinero corta rebanadas de pan y rodajas de carne con un cuchillo. Hay una rebanada de pan y una rodaja de carne asada en el plato.

6. El cocinero aplasta la carne picada. *flattens* *chopped/minced/ground*

7. La hamburguesa y el perrito caliente están quemados. *burning/burned*

8. La hamburguesa y el perrito caliente están junto a la lechuga. No están quemados.

9. El restaurante sirve torta y galletas de postre.

Repaso 3. Mire, escuche y lea.

1. El camarero le da el menú a la señora.

2. Ella lee el menú detenidamente.
   carefully with hesitation

3. —¿Qué desea?
   desire

4. —Quiero espaguetis y pan, por favor.

5. —También quiero una taza de café.

6. —¿Desea algo más?

7. —Nada más, gracias.

8. —Muy bien.

9. El camarero lleva la comida en una bandeja.

10. Pone los espaguetis sobre la mesa. Los espaguetis se caen del plato a la mesa. Al camarero le da vergüenza y la señora está enojada.

11. Después, los espaguetis se caen en el vestido de la señora.

12. Ella está enojada. Se marcha del restaurante.

13. —¿Qué sucedió?

14. —Puse los espaguetis sobre la mesa y se cayeron del plato.

15. —Se cayeron sobre la mesa. Ella se enojó. ¡Me dio vergüenza!

16. —Después, se cayeron sobre su vestido. Ella se enojó. ¡Me dio vergüenza!

17. —¿Qué sucedió después?

18. —Se marchó del restaurante.

Ejercicio de ampliación 1. Mire, escuche y lea.

1. El niño está durmiendo.

2. La niña no está durmiendo.

3. El perro está durmiendo.

4. El perro no está durmiendo.

5. La señora está manejando el automóvil.

6. La señora no está manejando el automóvil.
   El señor está manejando el automóvil.

7. El hombre no está fumando.

8. El hombre está fumando.

9. Ellos están corriendo.

10. Ellos no están corriendo.

11. Ellos están nadando.

12. Ellos no están nadando.

13. La señora está cocinando la comida.

14. La señora no está cocinando la comida.

15. El hombre es médico.

16. El hombre no es médico.

17. La señora es médico.

18. La señora no es médico.

Ejercicio de ampliación 2. Mire, escuche y lea.

1. —Hay un pájaro en la rama.

2. —Se marcha volando.

3. El saca la carne asada del horno.

4. Después, la pone en la mesa.

5. La niña toca al perro grande.

6. —No lo toques.

7. —Mira, el perro tiene miedo de ti.

8. —Mira, el perro se marcha corriendo.

9. —Por favor, recoge mi lápiz.

10. El lo recoge.

11. —Tírame la pelota.

12. El se la tira.

13. Ella la agarra.

14. El toma una manzana del frigorífico.

15. Después, se la come.

Ejercicio de ampliación 3. Mire, escuche y lea.

1. El camarero no le dio el menú al hombre.

2. —¡Camarero! Un menú, por favor.

3. El camarero le da un menú al hombre.

4. El hombre lee el menú.

5. El hombre sigue leyendo el menú.
    Está leyendo el menú detenidamente.

6. El camarero está de pie junto a la mesa.

7. —¿Qué desea?

8. —Todavía estoy leyendo el menú.

    El está leyendo el menú detenidamente.

Ejercicio de ampliación 4. Mire, escuche y lea.

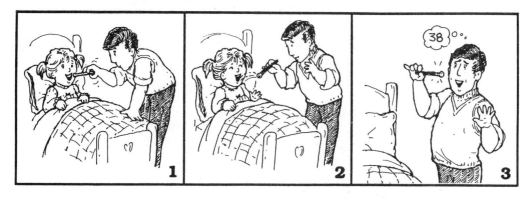

1. El padre le pone el termómetro en la boca.

2. Después, le saca el termómetro de la boca.

3. Mira el termómetro detenidamente y dice: —38 grados.

Ejercicio de ampliación 5. Mire, escuche y lea.

1. —¿Dónde está mi camisa?

2. —Tu camisa está encima de la silla.

3. —No, no está encima de la silla.

4. —Mira detenidamente.

5. —Aquí está, debajo de mis pantalones.

6. Se pone la camisa.

7. Se pone los pantalones.

8. Después, se pone la corbata.

Ejercicio de ampliación 6. Mire, escuche y lea.

1. Está lloviendo. *raining* *llovar*

2. El hombre tiene un paraguas. La señora no tiene un paraguas.

3. El hombre dice: —Usted no tiene paraguas. ¿Quiere usted mi paraguas?

4. La señora dice: —Gracias.

5. El le da su paraguas a ella.

6. Después, ella dice: —Podemos caminar juntos debajo del paraguas. *we can*

7. Ahora, están caminando juntos debajo del paraguas.

8. Detrás de ellos hay un hombre alto. El no tiene paraguas.

9. Una señora alta dice: —Podemos caminar juntos debajo del paraguas.

10. Caminan juntos debajo de su paraguas.

Ejercicio de ampliación 7. Mire, escuche y lea.

1. El hombre gordo está en un restaurante.
   Está comiendo espaguetis.

2. El ve a la señora y al hombre.

3. Se sientan.

4. Después, otra señora y otro hombre entran en el restaurante.

5. Se sientan en otra mesa.

6. La esposa del hombre gordo dice: —¿Quieres algo más?

satisfied / full

7. —No, estoy lleno.

you ate

8. —Te comiste tres platos de espaguetis.

Ejercicio de ampliación 8. Mire, escuche y lea.

1. —¡Hay un pájaro debajo de mi cama!

2. —¡Eso es imposible! —dice el padre.

3. —¡Míralo! ¡Hay un pájaro debajo de mi cama!

4. —¡Hay un gusano en la manzana!

5. —¡Eso es imposible! ¡No hay un gusano en la manzana!

6. —¡Míralo, hay un gusano en la manzana!

7. —Vi un hombre desnudo en el museo.

8. —¡Eso es imposible!

9. —¡Mire, hay un hombre desnudo! —El guardián se ríe.

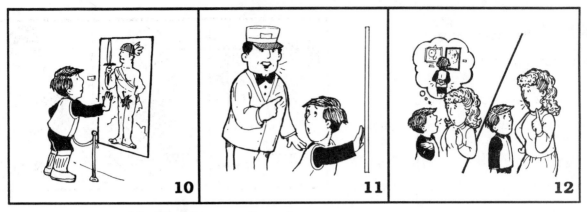

10. El niño toca el cuadro.

11. —No toques el cuadro —dice el guardián.

12. El le dice a su madre: —No toqué el cuadro.

    —Sí, lo tocaste. No toques los cuadros del museo.

Ejercicio de ampliación 9. Mire, escuche y lea.

1. —El se comió cinco platos de espaguetis.

    —Eso es imposible.

2. El camarero dice: —¿Quiere algo de postre?

3. —¡Camarero! Quiero otro plato de espaguetis, por favor.

4. —¡Otro plato de espaguetis!

    —Ya lo sé. Mira, el camarero se está riendo.

Ejercicio de ampliación 10. Mire, escuche y lea.

1. El está contento. Está nadando.

2. Ella no está contenta. No está nadando.

3. Ellos están contentos. Tienen un paraguas.

4. Ellos no están contentos.
   No tienen paraguas.

5. La señora no está contenta.
   Los tallos de sus flores están rotos.

6. El hombre no está contento. Sus
   pantalones son demasiado grandes.

Ejercicio de ampliación 11. Mire, escuche y lea.

1. —El quiere la pelota.

2. El recoge la pelota.

3. El le tira la pelota.

4. —Quiero la pelota.

5. —Dame la pelota.

6. —¡No! ¡La pelota, no!

Ejercicio de ampliación 12. Mire, escuche y lea.

1. El padre llega a casa.

2. El padre besa a la madre y al bebé.

3. Son una familia feliz.

4. La familia está comiendo. Es una familia feliz.

The bill

1. —La cuenta, por favor.

2. —Sí.

3. —Aquí tiene la cuenta.

   —Gracias.

4. El señor paga la cuenta.

Ejercicio de ampliación 14. Mire, escuche y lea.

taking down

1. —Estoy bajando los libros.

2. —Aquí están los libros.

3. —Quiero subir al árbol.

4. —Estoy subiendo al árbol.

I climbed

5. —Subí al árbol.

coming down

6. —Ahora, estoy bajando del árbol.

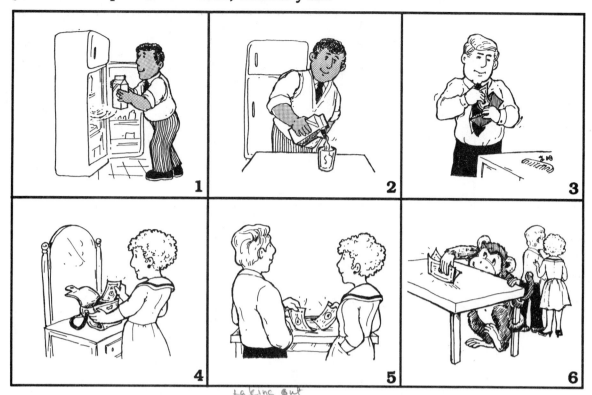

1. El está sacando la leche del frigorífico.

2. El sacó la leche del frigorífico. Ahora,
   está vertiendo la leche en un vaso.

3. El está sacando el dinero de su cartera.

4. Ella está sacando el dinero de su bolsa.

5. Ellos ponen el dinero sobre la mesa.

6. El mono toma el dinero de la mesa.

Ejercicio de ampliación 16. Mire, escuche y lea.

1. El ladrón toma una pintura del museo.

2. —¡El tomó una pintura del museo!

3. El policía dice: —¡Déme la pintura!

4. El policía le quita la pintura al ladrón.

5. Es una pintura de Napoleón.

Ejercicio de ampliación 17. Mire, escuche y lea.

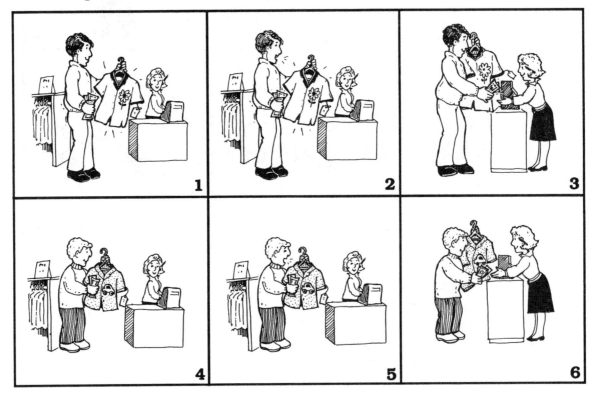

1. La camisa tiene una flor. El señor alto decide comprarla.

2. —Decidí comprar esta camisa.

3. El hombre alto está comprando la camisa de la flor. Le está dando el dinero a la vendedora.

4. La otra camisa tiene un automóvil. El señor bajo decide comprarla.

5. —Decidí comprar esta camisa.

6. El hombre bajo está comprando la camisa del auto. Le está dando el dinero a la vendedora.

1. El esposo y la esposa están leyendo sus menús.

2. El decide pedir pescado.

3. Ella decide pedir carne asada.

4. —¿Qué desean?

5. —Yo quiero pescado.

   —Y, yo quiero carne asada.

6. El camarero trae el pescado y la carne asada en una bandeja.

7. Le sirve la carne asada a la señora.

   —¡Mira, la carne asada está quemada!

8. Le da el pescado al hombre.

   —¡Mira, el pescado está quemado!

9. El camarero toma los dos platos.

Ejercicio de ampliación 19. Mire, escuche y lea.

1. El cocinero corta la carne asada en rodajas.

2. Pone una rodaja de carne en el plato.

3. Corta el pan.

4. Pone una rebanada de pan en el plato, junto a la rodaja de carne.

5. El cocinero corta el pepinillo.

6. Pone el pedazo de pepinillo junto a la carne asada.

Ejercicio de ampliación 20. Mire, escuche y lea.

1. Ella toma el libro de la mesa.

2. Ella toma una manzana del frigorífico.

3. Ella está leyendo el libro y comiendo la manzana.

Ejercicio de ampliación 21. Mire, escuche y lea.

1. —¿Es esto un lápiz?

2. —Sí, es un lápiz.

3. —¿Es ésta su cabeza?

4. —No, es su sombrero.

5. —¿Es éste un automóvil grande?

6. —No, es un automóvil pequeño.

7. —Este automóvil es grande.

8. —¿Está papá en casa?

9. —Sí, estoy en casa.

10. —¿Es ésa su casa?

11. —No, ésa es mi casa.

12. —¿Estás comiendo pollo?

13. —No, estoy comiendo pescado.

14. —¿Qué tienes ahí, en la pierna?

    —Es una escayola.

15. —¿Qué tiene esta sopa?

    —Zanahorias.

1. —¿Hay algo en tu bolsillo?

2. —No hay nada en mi bolsillo.

3. —Hay un gusano en tu bolsillo.

4. —¿Hay algo más en tu bolsillo?

5. —No, mira, no hay nada más en mi bolsillo.

6. —¿Hay algo más en el otro bolsillo?

—Sí, otro gusano.

Ejercicio de ampliación 23. Mire, escuche y lea.

1. La madre y el padre son los padres.

2. El niño y la niña son los niños.

3. Los padres están bebiendo café y los niños están bebiendo leche.

4. Los padres están sentados y los niños están de pie en sus sillas.

Ejercicio de ampliación 24. Mire, escuche y lea.

1. —Dale a cada niño un sombrero y un antifaz.

2. El le da a cada niño un sombrero y un antifaz.

3. Los niños se ponen sus sombreros y sus antifaces.

Ejercicio de ampliación 25. Mire, escuche y lea.

1. —Dale a cada señora un sombrero.

2. —Dale a cada señor un sombrero.

3. —Dale a cada niño un sombrero.

4. Las señoras se ponen sus sombreros.

5. Los señores se ponen sus sombreros.

6. Los niños se ponen sus sombreros.

1. —Por favor, pon un lápiz junto a cada libro.

2. Ella pone un lápiz junto al libro pequeño.

   Puts

3. Pone otro lápiz junto al libro muy pequeño.

4. Pone otro lápiz junto al libro grande.

5. Y, pone un lápiz junto al libro muy grande.

   placed

6. —Yo puse un lápiz junto a cada libro.

Ejercicio de ampliación 27. Mire, escuche y lea.

1. —Por favor, pon las servilletas en la mesa.

2. El pone las servilletas sobre los platos.

3. —No pongas las servilletas en los platos.
   Pon las servilletas junto a los platos.

Ejercicio de ampliación 28. Mire, escuche y lea.

1. —¿Qué desea comer?

   desire, wish   *desear*

   I want

   —Quiero una hamburguesa.

   quiere = he/she

2. —¿Qué desea comer?

   —Yo quiero un sandwich de carne asada.

   meat   *roast*

3. —¿Desea algo más?

   —Sí, por favor. Traiga un vaso de Coca-cola
   para mí y una taza de café para mi esposa.

   Bring

   for

   —Muy bien —dice el camarero.

4. El camarero vuelve con la comida. Sirve el sandwich
   de carne asada y la taza de café a la señora.

   returns

5. Después, sirve la hamburguesa y la Coca-cola al señor.

   after

6. —No me gusta esta hamburguesa. La carne está quemada.

7. —Salgamos.

   We leave   *salir*

8. El señor y la señora se marchan del restaurante.

1. —Me gusta el café.

   —No me gusta el café.

2. —Me gusta la carne asada.

   —No me gusta la carne asada.

3. —Me gustan las zanahorias.

   —No me gustan las zanahorias.

4. —Me gustan las papas.

   —No me gustan las papas.

5. —Me gusta la comida de este restaurante.

   —No me gusta la comida de este restaurante

6. El señor se levanta. La señora dice:
   —Camarero, otra taza de café, por favor.

Ejercicio de ampliación 30. Mire, escuche y lea.

1. —¿Desea otro plato de espaguetis?

   —No, no puedo comer más espaguetis. Estoy lleno.

2. —¿Quiere algo de postre?

   —Sí, un helado pequeño, por favor.

3. El camarero está en la cocina. Le dice al cocinero:
   —El hombre gordo se comió seis platos de espaguetis
   y, ahora, quiere un helado.

Ejercicio de ampliación 31. Mire, escuche y lea.

1. En los Estados Unidos la gente come perritos calientes o perros calientes. Ponen los perros calientes dentro de un pan.

   After *within*

2. Después, ponen mostaza en los perros calientes. Todos en los Estados Unidos comen perros calientes y beben Coca-cola.

otra vez = again

Ejercicio de ampliación 32. Mire, escuche y lea.

1. El está comiendo espaguetis, pan y una manzana para la comida.

   bill

2. El camarero pone la cuenta sobre la mesa.

   carefully

3. El hombre mira la cuenta detenidamente.

4. Pone dinero junto a la cuenta.

   He says to the

5. Le dice al camarero: —Fue una buena comida.
   Me gusta comer en este restaurante.

   —¡Gracias! —dice el camarero.

1. El está cortando la carne asada.

2. El está comiendo carne asada, zanahorias, papas y pepinillo para la cena.
   pickles

3. El le dice a su esposa: —Fue una buena comida.

4. En otra casa, la esposa le dice al esposo: —Fue una comida horrible. La carne asada estaba quemada.

Ejercicio de ampliación 34. Mire, escuche y lea.

  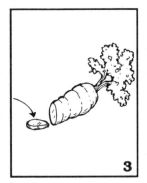 

1. Rebanada de pan

2. Rodaja de carne

3. Trozo de zanahoria

4. Trozo de banana

5. Pedazo de torta

6. Pedazo de pan

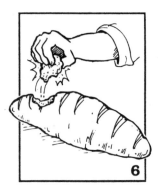

Ejercicio de ampliación 35. Mire, escuche y lea.

1. —Por favor, pon un tenedor junto a cada plato.

2. El está poniendo los tenedores sobre los platos.

3. —Tú pusiste un tenedor sobre cada *placed* plato. Por favor, pon un tenedor junto a cada plato.

Ejercicio 1. Mire, escuche y lea. Lea las palabras otra vez y escriba el número del dibujo en el espacio en blanco correspondiente.

1. Una rebanada de pan _____
   cookies
2. Las galletas _____
   slice
3. El pedazo de torta _____

4. Los panes _____

5. El sandwich _____

6. La Coca-cola _____

7. Una taza de café _____

8. Un vaso de leche _____

9. Un vaso de agua _____

10. Una lechuga _____

11. Una rodaja de carne asada _____

12. Mostaza _____

13. Una porción de papas fritas o una ración de papas fritas _____

14. Un plato de huevos _____

15. Un plato de espaguetis _____

Ejercicio 2. Mire, escuche y lea. Lea las frases otra vez y escriba el número del dibujo en el espacio en blanco correspondiente.

1. El camarero está sirviendo comida. _____

2. El señor está comiendo. _____

3. —¡Camarero! Quiero una taza de café. _____

4. —Yo no soy su camarero. _____

Ejercicio 3. Mire, escuche y lea. Lea las frases otra vez y escriba el número del dibujo en el espacio en blanco correspondiente.

1. El camarero está sirviendo la comida. _____

2. El señor está comiendo. _____

3. —¡Camarero! Una taza de café, por favor. _____

4. El camarero lleva un vaso en la bandeja. _____

5. —Yo quiero una taza de café. _____

6. —Esto es café. El café está en el vaso. No hay tazas en la cocina. _____

Ejercicio 4. Mire, escuche y lea. Lea las frases otra vez y escriba el número del dibujo en el espacio en blanco correspondiente.

1. —Todos en la habitación están fumando. _____

2. —El hombre tiene las gafas en la mano. Está fumando. _____

3. —La señora tiene el bolso en la mano. Está fumando. _____

4. El se marcha de la habitación. _____

5. —Me marché de la habitación. Todos estaban fumando. _____

Ejercicio 5. Mire, escuche y lea. Lea las frases otra vez y escriba el número del dibujo en el espacio en blanco correspondiente.

1. Ellos están comiendo carne asada. _____

2. Ellos están comiendo perros calientes. _____

3. Ellos están comiendo hamburguesas. _____

4. Ellos están comiendo papas fritas. _____

Ejercicio 6. Mire, escuche y lea. Lea las frases otra vez y escriba el número del dibujo en el espacio en blanco correspondiente.

1. —Estoy cortando el pan. _____

2. —Estoy poniendo mostaza en el pan. _____

3. —Estoy poniendo lechuga en el pan. _____

4. —Estoy poniendo carne asada sobre la lechuga. _____

5. —Estoy cortando el sandwich. _____

6. —No me puedo comer el sandwich. Es demasiado grande. _____

1. —Esta es mi cocina. _____

2. —Esté es mi frigorífico. _____

3. —Este es mi horno. _____

4. —Esta es mi espátula. _____

5. —Esto es carne picada. _____

6. —Estoy aplastando la carne picada con mi espátula. _____

7. —Ahora, estoy dando la vuelta a la hamburguesa con mi espátula. _____

8. Ella toma un plato del armario. _____

9. Pone un pepinillo en el plato. _____

10. Ella ve a su perro. Decide acariciarlo. _____

11. —¡Oh, no! Mi hamburguesa está quemada. No me puedo comer una hamburguesa quemada. _____

12. Le da la hamburguesa quemada a su perro. _____

13. El perro mira la hamburguesa. _____

14. Después, se va. _____

Ejercicio 8. Mire, escuche y lea. Lea las frases otra vez y escriba el número del dibujo en el espacio en blanco correspondiente.

drawer

1. El toma el cuchillo del cajón. _____

2. Toma el plato del armario. _____

3. Toma la taza del armario. _____

4. Toma el vaso del armario. _____

5. Toma la carne del frigorífico. _____

6. Toma la mostaza del frigorífico. _____

Ejercicio 9. Mire, escuche y lea. Lea las frases otra vez y escriba el número del dibujo en el espacio en blanco correspondiente.

1. —Por favor, pon un tenedor junto a cada plato. _____

2. El pone un tenedor sobre el plato pequeño. _____

3. Pone un tenedor sobre el plato muy pequeño. _____

4. Pone un tenedor sobre el plato grande. _____

5. Pone un tenedor sobre el plato muy grande. _____

Place

6. —Puse un tenedor junto a cada plato.

You placed

—Tú pusiste un tenedor sobre cada plato. Por favor, pon un tenedor junto a cada plato. _____

Ejercicio 10. Mire, escuche y lea. Lea las frases otra vez y escriba el número del dibujo en el espacio en blanco correspondiente.

1. Toda la gente está de pie. _____

2. La mayoría de la gente está de pie. _____

3. Alguna gente está de pie. _____

Ejercicio 11. Mire, escuche y lea. Lea las frases otra vez y escriba el número del dibujo en el espacio en blanco correspondiente.

1. Ellos entran en el restaurante. Un hombre está fumando. _____

2. Miran a la gente. Toda la gente está fumando. _____

3. Se marchan del restaurante. _____

4. Están de pie fuera del restaurante. —Vamos a otro restaurante. Toda la gente está fumando aquí. _____

5. Se marchan a otro restaurante. _____

6. Entran en el restaurante. _____

7. —Mira, cuadros con desnudos. _____

8. Se marchan del restaurante y van hacia su automóvil. _____

Ejercicio 12. Mire, escuche y lea. Lea las frases otra vez y escriba el número del dibujo en el espacio en blanco correspondiente.

1. La esposa pregunta: —¿Dónde está la espátula? _____

2. —En el cajón. _____

3. Ella abre el cajón. _____

4. —No encuentro la espátula. No está en el cajón. _____

5. —Sí, sí está.

    El se pone las gafas y mira en el cajón. —No encuentro la espátula. _____

6. Ella mira otra vez en el cajón.

    —¡La tienes en la mano! _____

Ejercicio 13. Mire, escuche y lea. Lea las frases otra vez y escriba el número del dibujo en el espacio en blanco correspondiente.

1. —¿Qué desea? _____

2. —Quiero una hamburguesa, papas fritas y una Coca-cola.

    —Muy bien. _____

3. El camarero sale de la cocina. Trae una hamburguesa, papas fritas y una Coca-cola. _____

Ejercicio 14. Mire, escuche y lea. Lea las frases otra vez y escriba el número del dibujo en el espacio en blanco correspondiente.

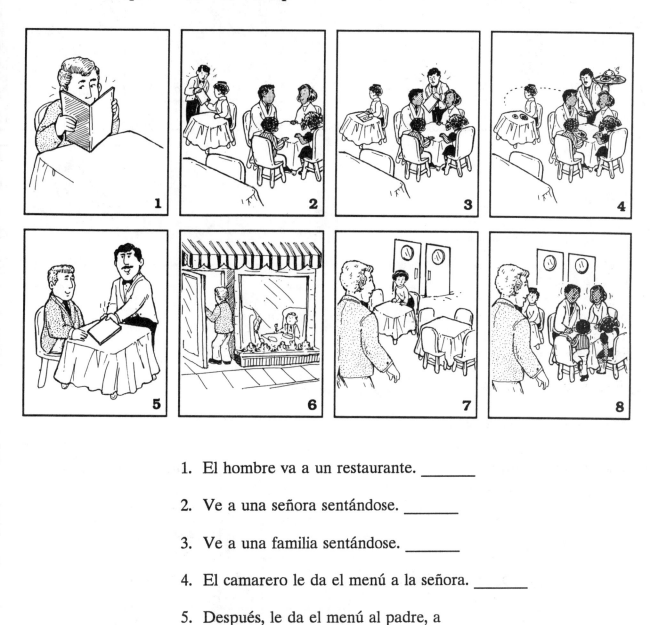

1. El hombre va a un restaurante. _____

2. Ve a una señora sentándose. _____

3. Ve a una familia sentándose. _____

4. El camarero le da el menú a la señora. _____

5. Después, le da el menú al padre, a la madre y a los niños. _____

6. Vuelve con la comida. Sirve a la señora y a la familia. _____

7. Después, pone el menú sobre la mesa del hombre. _____

8. El hombre lee el menú detenidamente. _____

Ejercicio 15. **Mire, escuche y lea. Lea las frases otra vez y escriba el número del dibujo en el espacio en blanco correspondiente.**

1. El camarero va a la mesa del hombre y dice:

   —¿Qué desea?

   —Quiero una hamburguesa, papas fritas y un vaso de Coca-cola.

   —Gracias. _____

2. El camarero vuelve. —Su comida no está lista.

   El hombre está enojado. _____

3. La familia se marcha del restaurante. _____

4. La señora se marcha del restaurante. _____

5. El hombre se levanta y dice: —¡Camarero! ¿Dónde está mi comida?

   El camarero tiene una toalla en el brazo. —Su comida no está lista. _____

6. El hombre va hacia el camarero y dice: —Quiero mi comida.

   —Está bien —dice el camarero. _____

7. El camarero entra en la cocina. _____

8. El camarero dice: —¿Está la sopa lista?

   —Sí, aquí está. _____

9. El camarero pone la sopa en la bandeja. _____

10. Sale de la cocina. _____

11. Sirve la sopa al hombre. _____

12. El hombre toma la sopa con la cuchara. _____

Ejercicio 16. Mire, escuche y lea. Lea las frases otra vez y escriba el número del dibujo en el espacio en blanco correspondiente.

1. —Camarero, pedí una hamburguesa, papas fritas y un vaso de Coca-cola. _____

2. El camarero recoge la sopa y la pone en la bandeja. _____

3. Sirve la sopa a otro hombre. _____

4. La señora va hacia el camarero y dice: —Esa es mi sopa. _____

5. El camarero recoge la sopa de la mesa del otro hombre. _____

6. —Aquí está su sopa.

   —No la quiero. _____

7. El hombre se marcha del restaurante. Está muy enojado. _____

8. La señora se marcha del restaurante. Está muy enojada. _____

Ejercicio 17. Mire, escuche y lea. Lea las frases otra vez y escriba el número del dibujo en el espacio en blanco correspondiente.

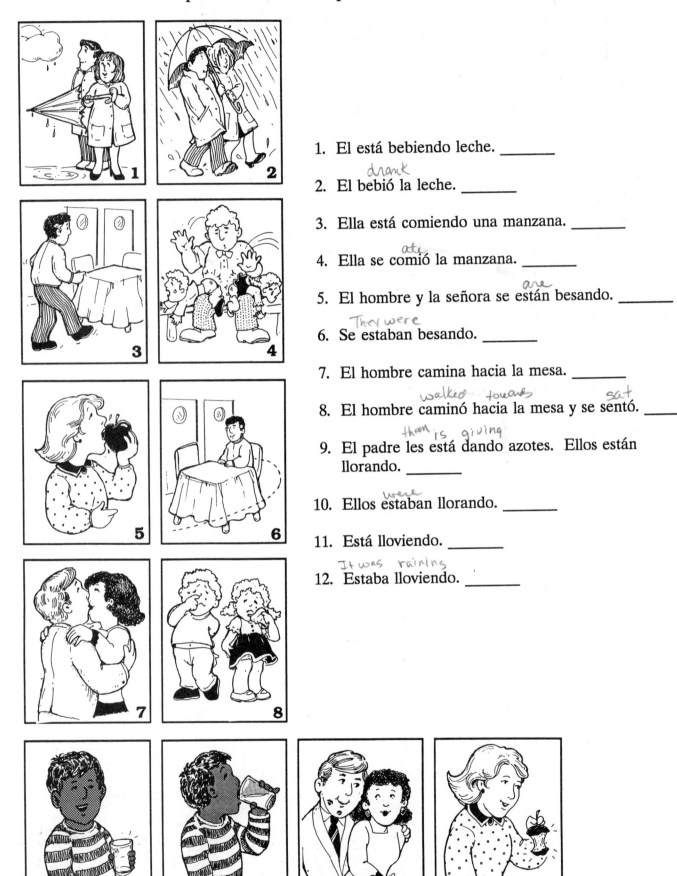

1. El está bebiendo leche. _____

2. El bebió la leche. _____
   drank

3. Ella está comiendo una manzana. _____

4. Ella se comió la manzana. _____
   ate

5. El hombre y la señora se están besando. _____
   are

6. Se estaban besando. _____
   They were

7. El hombre camina hacia la mesa. _____

8. El hombre caminó hacia la mesa y se sentó. _____
   walked   towards   sat

9. El padre les está dando azotes. Ellos están llorando. _____
   them is giving

10. Ellos estaban llorando. _____
    were

11. Está lloviendo. _____

12. Estaba lloviendo. _____
    It was raining

Ejercicio 18. Mire, escuche y lea. Lea las frases otra vez y escriba el número del dibujo en el espacio en blanco correspondiente.

1. —Marchémonos. —Ellos se marchan. _____ *Let us leave*

2. Ellos se marcharon. _____

3. El está sirviendo la carne. _____

4. El sirvió la carne. _____ *Served*

5. El gato se está comiendo el pescado. _____

6. El gato se comió el pescado. _____ *ate*

7. Ellos están cenando. _____ *eating/supper*

8. Ellos cenaron. _____ *ate supper*

Ejercicio 19. Mire, escuche y lea. Lea las frases otra vez y escriba el número del dibujo en el espacio en blanco correspondiente.

1. Está lloviendo. _____

2. —Quiero salir. _____

3. —No, está lloviendo fuera. _____ *outside*

Ejercicio 20. Mire, escuche y lea. Lea las frases otra vez y escriba el número del dibujo en el espacio en blanco correspondiente.

1. El policía sale del automóvil de la policía. _____
   left

2. La pasajera está durmiendo. _____

3. La señora está manejando un automóvil. _____

4. El médico estaba durmiendo. _____
   was

5. El bebé estaba llorando. _____
   was

6. La niña encontró un perro debajo de un árbol. _____
   found

7. La señora le da el dinero. _____

8. —Vamos a subir al árbol —dice la niña. _____

9. —Ven aquí —dice el padre a su hija pequeña. _____

10. La madre está comprando un vestido para sí misma y una camisa para su hijo. _____
    herself

11. El bombero está junto al fuego. _____

12. Es una boda. Ellos están felices: El está feliz y ella está feliz. _____
    wedding   *happy*

Ejercicio 21. Mire, escuche y lea. Lea las frases otra vez y escriba el número del dibujo en el espacio en blanco correspondiente.

1. El está dando la vuelta a la hamburguesa con una espátula. _____

2. Ella está comiendo con un tenedor. _____

3. Ellos están sacando el pan del horno. _____

4. El está cortando el pepinillo. _____

5. Ella está aplastando la carne picada. _____

6. El está cortando el pan. _____

7. Ella está vertiendo la leche en el vaso. _____

8. El pescado está quemado. _____

9. Ella bebió un vaso de leche. _____

10. Ellos están comiendo hamburguesas. _____

11. Ella derramó un vaso de leche encima de la mesa. _____

12. Ella está bebiendo un vaso de leche. _____

Ejercicio 22. Mire, escuche y lea. Lea las frases otra vez y escriba el número del dibujo en el espacio en blanco correspondiente.

1. El camarero sirve el pescado. _____

2. —Camarero, quiero una taza de café. _____

3. —Yo no soy su camarero. _____

Ejercicio 23. Escuche y lea. Lea el párrafo otra vez y responda las preguntas.

La familia cenó: La madre comió espaguetis, el padre comió pescado y los niños comieron hamburguesas. Es una familia feliz.

Escriba *Sí* o *No* en el espacio en blanco.

1. La madre se comió una hamburguesa. _____

2. El padre se comió dos hamburguesas. _____

3. Los niños comieron espaguetis. _____

4. La familia cenó. _____

5. Es una familia feliz. _____

Ejercicio 24. Escuche y lea. Lea el párrafo otra vez y responda las preguntas.

La madre y el niño están en la cocina. —No te comas las galletas —dice la madre. Después, ella se marcha. El niño toma una galleta y se la come. Después, la madre va a la cocina otra vez. Ella está enojada.

Preguntas

1. ¿Qué tomó el niño?

2. ¿Qué comió el niño?

3. ¿Qué hace la madre después?

Ejercicio 25. Ejercicio de completar. Escriba la palabra correcta en el espacio en blanco correspondiente.

vamos	**quiero**	**desea**
feliz	**junto a**	**detenidamente**
vuelta	**corta**	

1. El lee el menú _____.

2. El camarero dice: —¿Qué _____?

3. El da la _____ a la hamburguesa con una espátula.

4. Ella está de pie _____ la mesa.

5. —_____ a un restaurante.

Repaso 1.   Mire, escuche y lea.

1. Son las ocho.

2. Son las ocho y media.

3. Son las nueve.

4. Son las nueve y media.

5. Son las diez.

When

6. —¿Cuándo viene el doctor?

7. —A las diez y media.

8. La señora se sienta.

He carries

9. A las diez y media el doctor abre la puerta. Lleva un maletín en la mano.

Repaso 2. Mire, escuche y lea.

he, she, or it   gives

him
1. Le dá el libro.

her
2. Le da la mesa.

them
3. Les da la caja.

4. —Dame la silla.

him
5. Ella le da la silla.

Give us
6. —Danos los lápices.

them
7. Ella les da los lápices.

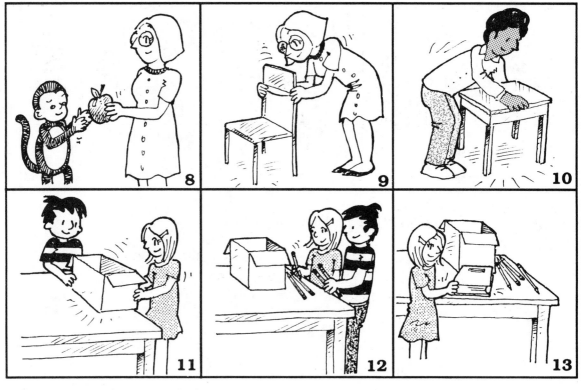

8. Le da la manzana al mono.

9. Ella pone la silla en el suelo. *floor*

10. El pone la mesa en el suelo.

11. Ellos ponen la caja encima de la mesa.

12. Después, ponen los lápices al lado de la caja.

13. La niña pone el libro delante de la caja.

14. El mono pone la manzana en la mesa.

15. La niña la pone en el plato. *it (the apple)*

Repaso 3. Mire, escuche y lea.

1. —*Our*
   —Nuestro perro tiene un globo.

2. —Nuestro perro tiene un globo y nuestro mono una manzana.

   Yours -el = globo   mine (el = globo)
3. —El tuyo es grande. El mío es pequeño.

   Our (el- globo)
4. —El nuestro es pequeño.

   Theirs
5. —El suyo es grande.

   for each one
6. El caballo, el mono y el gato tienen un globo cada uno.

Repaso 4. Mire, escuche y lea.

1. El niño está comiendo solo.

2. El niño no está comiendo solo.

3. Ella está nadando sola.

4. Ella no está nadando sola.

Repaso 5. Mire, escuche y lea.

I am looking at myself

1. —Me miro en el espejo.

we are looking at ourselves

2. —Nos miramos en el espejo.

3. —Se miran en el espejo.

let us go climb   fence

4. —Vamos a subirnos a la cerca.

your climb yourself alone

5. —Súbete tú sola.

herself   climbs

6. Ella se sube.

Can we swim

7. —¿Podemos nadar solos en el río?

8. —Sí. Pueden nadar solos.

9. Ellos nadan solos.

Repaso 6. Mire, escuche y lea.

1. —Ahí hay un tren, un autobús y un avión.

2. —Ahí hay un automóvil y un caballo.

3. —Ahí hay una escuela y una casa.

4. —Detrás de la casa y de la escuela hay un río.

5. —Ahí hay un tren.

6. —Ahí hay un cartero.

Repaso 7. Mire, escuche y lea.

1. Los niños y las niñas están caminando por delante de los automóviles.

2. Ahora, caminan por entre los caballos.

3. Ahora, caminan por debajo de los árboles.

4. Ella pone el palo encima de la mesa.

5. El mono lo pone debajo de la mesa.

6. Ella empuja al mono y, después, recoge el palo del suelo.

7. Después, pone el palo encima de las mesas.

8. El mono camina sobre el estante, por encima de las mesas, y toma el palo.

walks *shelf*

9. Se marcha corriendo con el palo.

he leaves

10. Anda a gatas por debajo de la cama sin el palo.

without

11. El palo está al lado de la ventana.

12. La pala está al lado del árbol. La escalera está al lado de la pala.

The shovel *The ladder*

escaleras = stairs

Repaso 8. Mire, escuche y lea.

1. La silla está entre las mesas.

2. El cuadro está por encima de la mesa.

3. El cuadro está encima de la mesa.

4. El hombre saca el libro de la caja y lo pone en la mesa.

it (the book)

5. El está comiendo y leyendo. Se está comiendo una hamburguesa.

6. Este hombre está comiendo sin tenedor y sin cuchara.

without fork *without spoon*

Repaso 9. Mire, escuche y lea.

1. —¿Quién maneja ese automóvil?

2. —Un señor.

3. —¿Dónde está el señor?

4. —En el automóvil.

5. —¿Qué maneja?

6. —Un automóvil.

7. —¿De quién es ese automóvil?

8. —Es mío.

Repaso 10. Mire, escuche y lea.

1. El tren está saliendo. Son las ocho.
   leaving

2. —¿Cuándo sale el autobús?
   when does the bus leave

3. —Sale a las ocho y media.
   It leaves

4. —¿Es ése el autobús?

—Sí, ése es.

5. A las ocho y media el autobús sale.

6. El hombre y la señora están comiendo helado en el autobús.

7. —¡Mira! El mono está manejando el autobús y comiendo una banana.

Repaso 11. Mire, escuche y lea.

1. —¿Qué tienes en la mano?

2. —Una pala.

Repaso 12. Mire, escuche y lea.

1. El cartero   2. La doctora   3. El doctor   4. —¿Quién es?   5. —El cartero.

6. —¿Quién es él?

7. —El cartero.

8. —¿Quién es él?

9. —El policía.

10. —¿Quién es él?

11. —El camarero.

Repaso 13. Mire, escuche y lea.

1. —¿Cuándo viene el doctor?

2. —A las nueve.

3. Son las nueve. El doctor llega.   *arrives*

4. —¿Cuándo viene el cartero?

5. —A las ocho y media.

6. —Son las ocho y media. Llegó el cartero.   *arrived*

330

Repaso 14. Mire, escuche y lea.

1. Lo está secando.

2. Lo está limpiando.

3. La está pintando.

4. Lo está pintando.

5. —Estoy pintando.

6. Ellas están cortando papel.

7. Ellos están cortando papel.

8. Ellos están cortando papel.

9. —Ponlos encima de la mesa.

10. El los pone encima de la mesa.

11. —Ponlo encima de la mesa.

12. El lo pone encima de la mesa.

13. —Dale el vaso.

14. Le da el vaso.

15. —Dame el vaso.

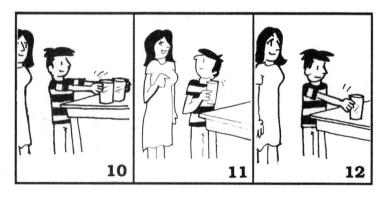

16. Le da el vaso.

17. —Dales los vasos.

18. Les da los vasos.

19. —Déle el vaso.

20. El le da el vaso.

21. —Déme el vaso.

22. El le da el vaso.

Repaso 15. Mire, escuche y lea.

1. —Es mío.

2. —Es de ellos.

3. —Es suyo.

4. —Es de ella.

5. —Es suyo.

6. —Es de él.

7. —Es suyo.

8. —Es nuestro.

9. El niño y la niña tienen chupa-chups.
   —Queremos los vuestros.

10. —Quieren los nuestros.

11. —Quieren el suyo.

12. —Este es mi perro.

13. —Su perro.

14. —El perro de ella.

15. —Tu perro.

16. —El tuyo.

17. —Sus perros.

18. —Los perros de ellos.

19. —Nuestro perro.

20. —Su perro.

21. —El perro de él.

Repaso 16. Mire, escuche y lea.

1. —Tú estás graciosa. —La niña se ríe.

2. —Nosotras estamos graciosas. —Ellas se ríen.

3. —Ella está graciosa. —La otra niña se ríe.

Repaso 17. Mire, escuche y lea.

1. —Mi cuadro.

2. —Su cuadro.

3. —Su cuadro.

4. —Nuestro cuadro.

5. —Tu cuadro.

6. —Tu padre me dio un regalo. Es un radio.

Repaso 18. Mire, escuche y lea.

1. —Estos son nuestros perritos calientes.

2. —Los suyos están en la mesa.

3. —Los nuestros están quemados.

4. —Los suyos están quemados. Los nuestros, no.

Repaso 19. Mire, escuche y lea.

1. —Nos están empujando.   2. —Nos está empujando.   3. —Nos estamos tocando.

Repaso 20. Mire, escuche y lea.

1. —No tenemos un globo.

2. —No tienen una pelota.

3. —Les estamos dando nuestra pelota.

4. —Les estamos dando nuestro globo.

5. —Ahora, tenemos un globo. Ellos nos dieron su globo.

6. —Ahora, tienen un globo. Nosotros les dimos nuestro globo.

7. —Ahora, tenemos una pelota. Ellos nos dieron su pelota.

Repaso 21. Mire, escuche y lea.

1. —Les estamos dando nuestra pelota.

2. —Ellos no tenían una pelota.

Repaso 22. Mire, escuche y lea.

1. —Nos miramos en el espejo. 2. —Me miro en el espejo. 3. —Se miran en el espejo.

Repaso 23. Mire, escuche y lea.

1. El río 2. El puente 3. El pasa el río por el puente.

Ejercicio de ampliación 1. Mire, escuche y lea.

1. —Nosotros no tenemos una pelota.

2. —Ellos no tienen un globo.

3. —Nosotros les dimos la pelota y ellos nos dieron el globo.

4. —Nosotros no tenemos una pelota. Ellos no tienen un globo.

5. —Nosotros no teníamos una pelota. Ellos nos dieron la suya. Ahora, tenemos una pelota. Ellos no tenían un globo. Nosotros les dimos el nuestro. Ahora, tienen un globo.

6. —Nosotros no teníamos un globo. Ellos nos dieron el suyo. Ahora, tenemos un globo. Ellos no tenían una pelota. Nosotros les dimos la nuestra. Ahora, tienen una pelota.

1. Se le escapa el perro.

2. Ella lo persigue.

3. El perro entra corriendo en la tienda.

4. —¿De quién es ese perro?

5. —Mío.

6. —Encontré a mi perro en la tienda.

Ejercicio de ampliación 3. Mire, escuche y lea.

 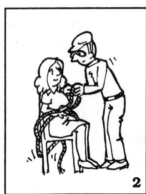  

 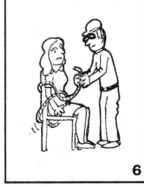  

1. —Suélteme.

2. El ladrón suelta a la señora.

3. —Suéltalos.

4. El ladrón los suelta.

5. —Suéltala.

6. El ladrón la suelta.

7. —Suéltenos.

8. El ladrón los suelta.

Ejercicio de ampliación 4. Mire, escuche y lea.

1. Lo está tocando.   *him*

2. Lo está tocando.

3. Se está tocando.   *himself*

4. Se está tocando.   *self*

5. La está tocando.   *her*

6. La está tocando.

7. Lo están tocando.

8. La están tocando.

9. Los están tocando.   *them*

10. Se están tocando.

*esta – he
she
it*

Ejercicio de ampliación 5. Mire, escuche y lea.

1. El elefante

2. El ratón

3. El ratón está persiguiendo al elefante.

Ejercicio 1. Mire, escuche y lea. Lea las frases otra vez y escriba el número del dibujo en el espacio en blanco correspondiente.

1. Son las cuatro. —¿Está el doctor? _____

2. —No, no está. Viene a las cuatro y media. _____

3. A las cuatro y media el doctor abre la puerta. _____

Ejercicio 2. Mire, escuche y lea. Lea las frases otra vez y escriba el número del dibujo en el espacio en blanco correspondiente.

1. —El es alto. _____

2. —Ella es baja. _____

3. —Yo soy gordo. _____

Ejercicio 3. Mire, escuche y lea. Lea las frases otra vez y escriba el número del dibujo en el espacio en blanco correspondiente.

1. Lo está secando. _____

2. La está secando. _____

3. Se está secando. _____

4. Lo está tocando. _____

5. Lo está empujando. _____

6. Se está pintando. _____

Ejercicio 4. Mire, escuche y lea. Lea las frases otra vez y escriba el número del dibujo en el espacio en blanco correspondiente. **341**

1. Lo está secando. _____

2. La está secando. _____

3. Se está secando. _____

4. Lo está tocando. _____

5. Lo está empujando. _____

6. Se está pintando. _____

Ejercicio 5. Mire, escuche y lea. Lea las frases otra vez y escriba el número del dibujo en el espacio en blanco correspondiente.

1. Le dan los vasos. _____

2. Le da el libro a él. _____

3. Le da el libro a ella. _____

4. —Déme el globo. _____

5. Ella le da el globo. _____

6. —Dale el vaso. _____

7. El le da el vaso. _____

8. —Dénos los globos. _____

9. El les da los globos. _____

Ejercicio 6. Mire, escuche y lea. Lea las frases otra vez y escriba el número del dibujo en el espacio en blanco correspondiente.

1. El perro tiene el sombrero del hombre en la boca. _____

2. —¿De quién es ese perro? _____

3. —Es mío. Aquí tiene su sombrero. _____

Ejercicio 7. Mire, escuche y lea. Lea las frases otra vez y escriba el número del dibujo en el espacio en blanco correspondiente.

1. —Su perro grande está persiguiendo a mi perro pequeño. _____

2. —¡Mira! Mi perro pequeño está persiguiendo a su perro grande y a tu perro pequeño. _____

3. —¡Mira! Mi gato está persiguiendo a tu perro pequeño. _____

Ejercicio 8. Mire, escuche y lea. Lea las frases otra vez y escriba el número del dibujo en el espacio en blanco correspondiente.

1. El niño quiere la pelota. Empuja a la niña. _____

   talkes

2. El toma la pelota. _____

3. Después, la niña empuja al niño. _____

   drops

4. Al niño se le cae la pelota. _____

5. La niña recoge la pelota. _____

6. Ahora, el niño persigue a la niña. _____

Ejercicio 9. Mire, escuche y lea. Lea las frases otra vez y escriba el número del dibujo en el espacio en blanco correspondiente.

1. El le está dando un radio. Es un regalo. _____

   gives

2. —¡Gracias por el regalo! —Ella le da un beso. _____

   than   *your*

3. Les dice a los niños: —Vuestro padre me dio un regalo. Es un radio. _____

344

Ejercicio 10. Mire, escuche y lea. Lea las frases otra vez y escriba el número del dibujo en el espacio en blanco correspondiente.

1. —Tú estás bebiendo mi vaso de agua. _____

2. —Tu vaso de agua está en la mesa. El mío estaba junto al frigorífico. _____

3. —Aquí tienes tu vaso de agua. _____

Ejercicio 11. Mire, escuche y lea. Lea las frases otra vez y escriba el número del dibujo en el espacio en blanco correspondiente.

1. —Estas son nuestras hamburguesas. _____

2. —Las suyas están en la mesa. _____

3. —Las nuestras están quemadas. _____

4. —Las suyas están quemadas. Las nuestras, no. _____

Ejercicio 12. Mire, escuche y lea. Lea las frases otra vez y escriba el número del dibujo en el espacio en blanco correspondiente.

1. —Suélteme. _____

2. El ladrón la suelta. Ella se pone de pie. _____

3. Sale de la casa. _____

4. Ve a la policía. _____

5. La policía entra en la casa. _____

6. El ladrón pone las manos arriba. _____

Ejercicio 13. Mire, escuche y lea. Lea las frases otra vez y escriba el número del dibujo en el espacio en blanco correspondiente.

1. —La casa de las cuatro ventanas es mi casa. _____

2. —El coche, delante de esa casa, ¿es tuyo? _____

3. —No, es de mi padre. Mi padre está entrando en el coche ahora. _____

4. —Ese es mi coche. Hay un pájaro encima. _____

5. Atraviesan la calle hacia donde está su coche. _____

6. Ahora, él está limpiando el coche. _____

346

Ejercicio 14. Mire, escuche y lea. Lea las frases otra vez y escriba el número del dibujo en el espacio en blanco correspondiente.

1. —Nos está empujando. _____

2. —Nos están empujando. _____

3. —Nos está dando el radio. _____

4. —Les está dando el radio. _____

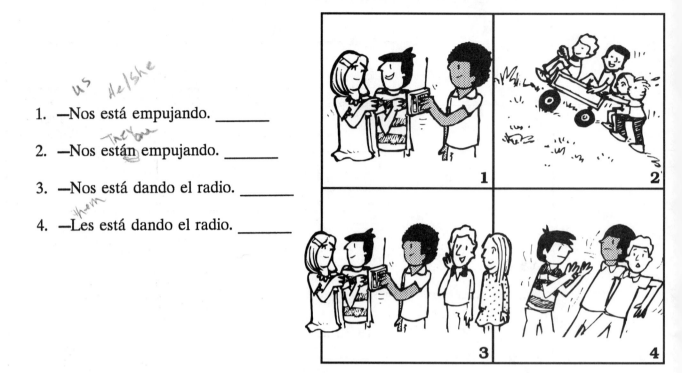

Ejercicio 15. Mire, escuche y lea. Lea las frases otra vez y escriba el número del dibujo en el espacio en blanco correspondiente.

1. —Este es mi cuadro. _____

2. —Ese es su cuadro. _____

3. —Ese es tu cuadro. _____

Ejercicio 16. Mire, escuche y lea. Lea las frases otra vez y escriba el número del dibujo en el espacio en blanco correspondiente.

1. —Este es nuestro cuadro. _____

2. —Ese es su cuadro. _____

Ejercicio 17. Mire, escuche y lea. Lea las frases otra vez y escriba el número del dibujo en el espacio en blanco correspondiente.

1. Lo está tocando. _____

2. Se está tocando. _____

3. La está tocando. _____

Ejercicio 18. Mire, escuche y lea. Lea las frases otra vez y escriba el número del dibujo en el espacio en blanco correspondiente.

1. Lo están tocando. _____

2. Se están tocando. _____

3. Los están tocando. _____

4. Lo está tocando. _____

5. La están tocando. _____

6. Se está tocando. _____

7. La está tocando. _____

Ejercicio 19. Mire, escuche y lea. Lea las frases otra vez y escriba el número del dibujo en el espacio en blanco correspondiente.

1. La señora pone el cuadro en el estante. _____

2. Después, lo pone por debajo del estante. _____

3. Después, lo pone por encima del estante. _____

Ejercicio 20. Mire, escuche y lea. Lea las frases otra vez y escriba el número del dibujo en el espacio en blanco correspondiente.

1. El hombre camina por la calle. _____

2. El atraviesa la calle. _____

3. Ella pasa el río por el puente. _____

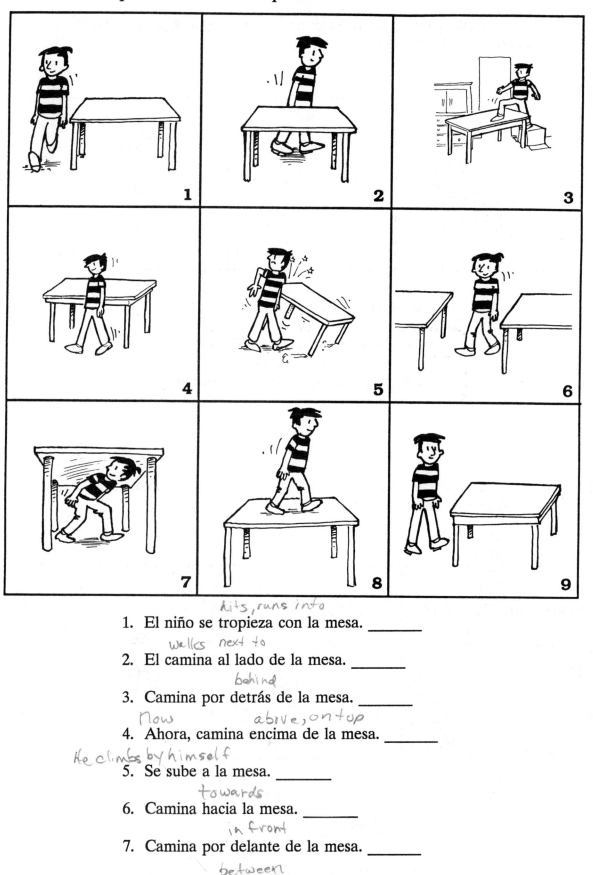

1. El niño se tropieza con la mesa. _____
   hits, runs into

2. El camina al lado de la mesa. _____
   walks next to

3. Camina por detrás de la mesa. _____
   behind

4. Ahora, camina encima de la mesa. _____
   now   *above, on top*

5. Se sube a la mesa. _____
   He climbs by himself

6. Camina hacia la mesa. _____
   towards

7. Camina por delante de la mesa. _____
   in front

8. Camina por entre las mesas. _____
   between

9. Después, camina por debajo de la mesa. _____
   under

Ejercicio 22. Mire, escuche y lea. Lea el párrafo otra vez y conteste las preguntas.

El hombre está persiguiendo al perro y el perro está persiguiendo al gato. El gato está persiguiendo al ratón y el ratón está persiguiendo al elefante. El elefante está persiguiendo al mono.

Preguntas

1. ¿Quién está persiguiendo al perro?

2. ¿Quién está persiguiendo al elefante?

To whom

3. ¿A quién está persiguiendo el elefante?

Un niño pequeño camina debajo de un árbol. Un perro grande camina junto a él. Hay un automóvil al lado del árbol. Un hombre gordo camina al lado del automóvil. Un perro pequeño camina junto a él. Hay un gato pequeño en el árbol. El gato ve a los dos perros. Tiene miedo de ellos.

Preguntas

1. ¿De quién es el perro grande?   *Of whom does the big dog belong to?*

2. ¿Está el gato caminando debajo del árbol?   *walkin*

3. ¿Quién ve a los perros?

4. ¿Quién tiene miedo de los perros?   *las fear*

Ejercicio 24. Mire, escuche y lea. Lea las frases otra vez y conteste las preguntas.

1. Son las ocho y media.
   —Estoy enfermo. Me duele el estómago. ¿Está la doctora?

2. —No, la doctora no está.

3. —Estoy enfermo. Me duele el estómago.

4. La doctora entra. Son las nueve.

5. —¡Doctora, doctora! Estoy enfermo. Me duele el estómago.

6. —Usted está muy gordo.

Preguntas

1. ¿Quién está gordo?

2. ¿Quién no estaba en el consultorio a las ocho y media?

3. ¿Quién llegó al consultorio a las nueve?

Ejercicio 25. Mire, escuche y lea. Lea el párrafo otra vez y conteste las preguntas.

Hay cuatro niños en el dibujo. Dos son niños y dos son niñas. Están sentados. Hay un payaso de pie delante de ellos. El payaso es gracioso. Todos los niños se ríen.

Escriba *Sí* o *No* en el espacio en blanco.

1. El payaso está de pie detrás de los niños. _____

2. El payaso está de pie delante de los niños. _____

3. El payaso es gracioso. _____

4. Los niños se ríen. _____

5. El payaso gordo está comiendo espaguetis. _____

6. El payaso está sentado con los niños. _____

Ejercicio 26. Mire, escuche y lea. Lea las frases otra vez y escriba el número del dibujo en el espacio en blanco correspondiente.

1. Carmen está de pie. _____

2. Ella se está mirando en el espejo. _____

3. —Tengo la nariz demasiado larga. _____

4. —Tengo el cuello *neck* demasiado largo también. _____

5. —Tengo los ojos demasiado grandes y el pelo demasiado largo. _____

6. —Tengo la boca demasiado pequeña. _____

Ejercicio 27. Mire, escuche y lea. Lea las frases otra vez y escriba el número del dibujo en el espacio en blanco correspondiente.

1. —Nosotros tenemos un globo y ellos tienen una pelota. _____

2. —Nosotros les dimos nuestra pelota. _____

3. —Nosotros les dimos nuestro globo. _____

355

Ejercicio 28. Mire, escuche y lea. Lea las frases otra vez y escriba el número del dibujo en el espacio en blanco correspondiente.

1. —No tenemos un globo. _____

2. —No tienen una pelota. _____

    givins   *our*
3. —Les estamos dando nuestra pelota. _____

    us
4. —Nos están dando su globo. _____

dar = to give

Ejercicio 29. Mire, escuche y lea. Lea las frases otra vez y escriba el número del dibujo en el espacio en blanco correspondiente.

we did not have
1. —Nosotros no teníamos un globo.
   we have
   Ahora, tenemos un globo.
   Ellos nos dieron su globo. _____
   us they gave

2. —Nosotros no teníamos una pelota.
   Now Ahora, tenemos una pelota.
   Ellos nos dieron su pelota. _____

Ejercicio 30. Mire, escuche y lea. Lea las frases otra vez y escriba el número del dibujo en el espacio en blanco correspondiente.

1. El niño está comiendo solo. _____

2. El niño no está comiendo solo. _____

3. La niña dice: —Estamos comiendo solas. Ellos están comiendo solos. _____

4. Ella está nadando sola. _____

5. —Tú no puedes empujar el automóvil solo. _____

6. —Sí, puedo empujarlo yo solo. _____

Ejercicio 31. Mire, escuche y lea. Lea las frases otra vez y escriba el número del dibujo en el espacio en blanco correspondiente.

1. —Nos miramos en el espejo. _____

2. Se mira en el espejo. _____

3. —Se miran en el espejo. _____

4. Se miran en el agua. _____

Ejercicio 32. Mire, escuche y lea. Lea las frases otra vez y escriba el número del dibujo en el espacio en blanco correspondiente.

1. Se está tocando. _____

2. Lo está tocando. _____

3. La señora levanta la caja por sí misma. _____
by herself

4. El hombre no puede caminar por sí mismo. _____
by himself

5. El bebé abre el frigorífico por sí mismo. _____

Ejercicio 33. Mire, escuche y lea. Lea las frases otra vez y escriba el número del dibujo en el espacio en blanco correspondiente.

1. El perro está delante de la cerca. _____
in front

2. El perro está sobre la cerca. _____

3. El perro está detrás de la cerca. _____
behind

4. El perro está persiguiendo al gato. _____

5. El gato tiene miedo. Corre entre la casa y la pala. _____
between

6. El gato tiene miedo. Se sube a un árbol. _____
has fear by itself It climbs

Ejercicio 34. Mire, escuche y lea. Lea las frases otra vez y escriba el número del dibujo en el espacio en blanco correspondiente.

1. El automóvil está delante de la señal de tránsito. _____

2. El automóvil está al lado de la señal de tránsito. _____

Ejercicio 35. Mire, escuche y lea. Lea las frases otra vez y escriba el número del dibujo en el espacio en blanco correspondiente.

1. La niña se toca la nariz. _____

2. Se toca el pelo. _____

3. Se toca el vestido. _____

4. Se toca el brazo. _____

5. Se toca la cara. _____

6. Toca la caja. _____

Ejercicio 36. Mire, escuche y lea. Mire los dibujos y lea las preguntas otra vez. Después, conteste las preguntas.

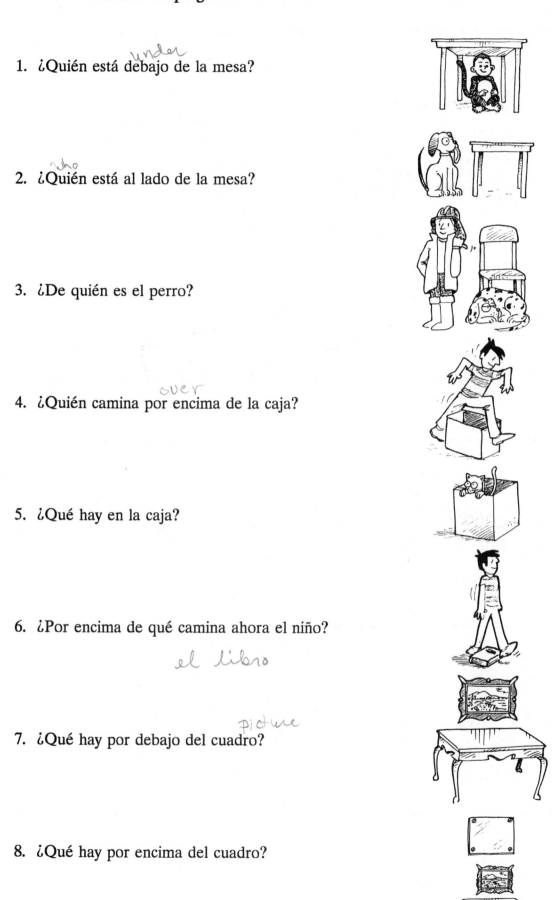

1. ¿Quién está debajo de la mesa?   *under*

2. ¿Quién está al lado de la mesa?   *who*

3. ¿De quién es el perro?

4. ¿Quién camina por encima de la caja?   *over*

5. ¿Qué hay en la caja?

6. ¿Por encima de qué camina ahora el niño?

   el libro

7. ¿Qué hay por debajo del cuadro?   *picture*

8. ¿Qué hay por encima del cuadro?

Ejercicio 37. Escriba el nombre del animal debajo del dibujo.

el caballo

_____

_____

_____

el elefante

_____

Ejercicio 38. Ejercicio de completar. Escriba la palabra correcta.

gracioso	pone	se ve *herself she looks*
me veo	el nuestro	ríe
persigue	miro	nuestro *ours*

1. Ella _____ en el espejo.

2. _____ es grande. El vuestro es pequeño. *Yours*

3. Me _____ en el espejo. *myself*

4. El payaso es _____. Todos se están riendo.

5. El gato _____ al ratón.

Spanish Basic Structures, Book 2

ANSWER KEY

Lección 11

Ejercicio 1	Ejercicio 2	Ejercicio 3	Ejercicio 4	Ejercicio 5	Ejercicio 6
1. 6	1. 6	1. 4	1. 4	1. 1	1. 4
2. 2	2. 2	2. 6	2. 2	2. 6	2. 6
3. 1	3. 1	3. 2	3. 1	3. 3	3. 1
4. 7	4. 5	4. 3	4. 3	4. 4	4. 3
5. 8	5. 3	5. 5	5. 5	5. 2	5. 2
6. 3	6. 4	6. 1		6. 5	6. 5
7. 9					
8. 5					
9. 4					
10. 10					

Ejercicio 7	Ejercicio 8	Ejercicio 9	Ejercicio 10	Ejercicio 11
1. 3	1. 3	1. 9	1. 5	1. B
2. 1	2. 6	2. 2	2. 1	2. D
3. 6	3. 1	3. 4	3. 6	3. A
4. 5	4. 5	4. 1	4. 2	4. CH
5. 4	5. 4	5. 3	5. 4	5. C
6. 2	6. 2	6. 8	6. 3	
		7. 5		
		8. 7		
		9. 6		

Lección 12

Ejercicio 1	Ejercicio 2	Ejercicio 3		Ejercicio 4	Ejercicio 5
1. 2	1. 6	1. 12	7. 7	1. 2	1. 3
2. 1	2. 5	2. 10	8. 2	2. 4	2. 2
3. 3	3. 3	3. 5	9. 3	3. 5	3. 1
	4. 2	4. 9	10. 11	4. 3	
	5. 4	5. 4	11. 6	5. 6	
	6. 1	6. 8	12. 1	6. 1	

Ejercicio 6	Ejercicio 7	Ejercicio 8	Ejercicio 9	Ejercicio 10	Ejercicio 11
1. 2	1. 2	1. 4	1. 3	1. 2	1. 3
2. 1	2. 4	2. 1	2. 2	2. 5	2. 1
3. 3	3. 1	3. 3	3. 1	3. 3	3. 2
	4. 6	4. 2	4. 6	4. 4	4. 6
	5. 5		5. 5	5. 6	5. 4
	6. 3		6. 4	6. 1	6. 5

Lección 12 (continued)

Ejercicio 12	Ejercicio 13	Ejercicio 14	Ejercicio 15	Ejercicio 16	Ejercicio 17
1. 2	1. 6	1. 6	1. 3	1. 5	1. 4
2. 5	2. 3	2. 1	2. 2	2. 3	2. 2
3. 1	3. 1	3. 4	3. 6	3. 1	3. 1
4. 3	4. 5	4. 2	4. 1	4. 4	4. 3
5. 4	5. 4	5. 3	5. 5	5. 8	
6. 6	6. 2	6. 5	6. 4	6. 7	
				7. 6	
				8. 2	
				9. 9	

Ejercicio 18	Ejercicio 19	Ejercicio 20	Ejercicio 21
1. 3	(see p. 365)	1. 5	1. 5
2. 6		2. 1	2. 2
3. 2		3. 2	3. 1
4. 4		4. 3	4. 3
5. 5		5. 6	5. 8
6. 1		6. 4	6. 9
		7. 7	7. 6
		8. 8	8. 7
		9. 9	9. 4

Ejercicio 22	Ejercicio 23	Ejercicio 24	Ejercicio 25	Ejercicio 26
1. 11	1. 3	1. 9	1. 4	1. ladrón
2. 10	2. 8	2. 6	2. 3	2. Yo
3. 18	3. 13	3. 14	3. 10	3. se quita
4. 14	4. 2	4. 8	4. 6	4. Déme
5. 12	5. 7	5. 11	5. 9	5. Los
6. 13	6. 16	6. 16	6. 1	
7. 16	7. 17	7. 10	7. 12	
8. 17	8. 1	8. 5	8. 2	
9. 5	9. 12	9. 7	9. 7	
10. 7	10. 10	10. 12	10. 11	
11. 19	11. 6	11. 15	11. 5	
12. 15	12. 14	12. 3	12. 8	
13. 8	13. 5	13. 1		
14. 9	14. 11	14. 4		
15. 3	15. 20	15. 2		
16. 2	16. 4	16. 13		
17. 20	17. 18			
18. 6	18. 9			
19. 4	19. 19			
20. 1	20. 15			

Lección 12 (continued)

Ejercicio 19

1. ¿Dónde está el pasajero?

  a. En el automóvil.
  b. Está en el automóvil.
  c. El pasajero está en el automóvil.
ch. El está en el automóvil.
  d. En el automóvil del ladrón.
  e. Está en el automóvil del ladrón.
  f. El pasajero está en el automóvil del ladrón.
  g. El está en el automóvil del ladrón.
  h. Sentado en el automóvil.
  i. Está sentado en el automóvil.
  j. El pasajero está sentado en el automóvil.
  k. El está sentado en el automóvil.
  l. Sentado en el automóvil del ladrón.
ll. Está sentado en el automóvil del ladrón.
  m. El pasajero está sentado en el automóvil del ladrón.
  n. El está sentado en el automóvil del ladrón.

2. ¿Dónde está el perro?

  a. Encima del automóvil.
  b. Está encima del automóvil.
  c. El perro está encima del automóvil.
ch. El está encima del automóvil.
  d. Encima del automóvil del ladrón.
  e. Está encima del automóvil del ladrón.
  f. El perro está encima del automóvil del ladrón.
  g. El está encima del automóvil del ladrón.
  h. Encima del automóvil, con un pájaro y un pescado.
  i. Está encima del automóvil, con un pájaro y un pescado.
  j. El perro está encima del automóvil, con un pájaro y un pescado.
  k. El está encima del automóvil, con un pájaro y un pescado.
  l. Encima del automóvil del ladrón, con un pájaro y un pescado.
ll. Está encima del automóvil del ladrón, con un pájaro y un pescado.
  m. El perro está encima del automóvil del ladrón, con un pájaro y un pescado.
  n. El está encima del automóvil del ladrón, con un pájaro y un pescado.

3. ¿Dónde está el ladrón?

  a. En el automóvil.
  b. Está en el automóvil.
  c. El ladrón está en el automóvil.
ch. El está en el automóvil.
  d. En el automóvil, comiendo una manzana.
  e. Está en el automóvil, comiendo una manzana.
  f. El ladrón está en el automóvil, comiendo una manzana.
  g. El está en el automóvil, comiendo una manzana.
  h. Sentado en el automóvil.
  i. Está sentado en el automóvil.
  j. El ladrón está sentado en el automóvil.
  k. El está sentado en el automóvil.
  l. Sentado en el automóvil, comiendo una manzana.
ll. Está sentado en el automóvil, comiendo una manzana.
  m. El ladrón está sentado en el automóvil, comiendo una manzana.
  n. El está sentado en el automóvil, comiendo una manzana.
  ñ. En su automóvil.

4. ¿Donde está el policía?

  a. Junto al automóvil del ladrón.
  b. Está de pie junto al automóvil del ladrón.
  c. El policía está de pie junto al automóvil de ladrón.

5. ¿Dónde está el pescado?

  a. Encima del automóvil.
  b. Está encima del automóvil.
  c. El pescado está encima del automóvil.
ch. Encima del automóvil del ladrón.
  d. Está encima del automóvil del ladrón.
  e. El pescado está encima del automóvil del ladrón.
  f. Encima del automóvil, con un pájaro y un perro.
  g. Está encima del automóvil, con un pájaro y un perro.
  h. El pescado está encima del automóvil, con un pájaro y un perro.
  i. Encima del automóvil del ladrón, con un pájaro y un perro.
  j. Está encima del automóvil del ladrón, con un pájaro y un perro.
  k. El pescado está encima del automóvil del ladrón, con un pájaro y un perro.

Lección 13

Ejercicio 1	Ejercicio 2	Ejercicio 3	Ejercicio 4	Ejercicio 5	Ejercicio 6
1. 5	1. 1	1. 3	1. 2	1. 2	1. 4
2. 2	2. 3	2. 1	2. 3	2. 3	2. 3
3. 1	3. 2	3. 2	3. 1	3. 1	3. 5
4. 6					4. 2
5. 4					5. 6
6. 3					6. 1

Ejercicio 7	Ejercicio 8	Ejercicio 9	Ejercicio 10	Ejercicio 11	
1. 4	1. 5	1. 3	1. 5	1. 5	9. 6
2. 2	2. 2	2. 5	2. 2	2. 10	10. 13
3. 3	3. 4	3. 2	3. 4	3. 1	11. 2
4. 1	4. 3	4. 7	4. 3	4. 9	12. 11
	5. 1	5. 9	5. 6	5. 3	13. 15
	6. 6	6. 8	6. 1	6. 4	14. 8
	7. 8	7. 6		7. 7	15. 12
	8. 9	8. 4		8. 16	16. 14
	9. 7	9. 1			

Ejercicio 12	Ejercicio 13	Ejercicio 14	Ejercicio 15	Ejercicio 16	Ejercicio 17
1. 3	1. 6	1. 5	(See below)	1. la	1. es
2. 1	2. 2	2. 1		2. hombre	2. Yo
3. 6	3. 1	3. 6		3. El	3. están
4. 2	4. 5	4. 2		4. las	4. tu
5. 5	5. 3	5. 4		5. tiene	5. Dame
6. 4	6. 4	6. 3			

Ejercicio 15

1. ¿Dónde están los ladrones?

  a. En el banco.
  b. Están en el banco.
  c. Los ladrones están en el banco.
ch. Ellos están en el banco.

2. ¿Dónde está el dinero?

  a. En la caja fuerte.
  b. Está en la caja fuerte.
  c. El dinero está en la caja fuerte.

3. ¿Dónde está el sombrero del ladrón del c‹ largo?

  a. En la mano de él.
  b. En su mano.
  c. Está en la mano de él.
ch. Está en su mano.
  d. El sombrero está en la mano de él.
  e. El sombrero está en su mano.

4. ¿Dónde está el mono?

  a. Junto al perro de la señora.
  b. Está junto al perro de la señora.
  c. El mono esta junto al perro de la señora.
ch. El está junto al perro de la señora.
  d. De pie, junto al perro de la señora.
  e. Está de pie, junto al perro de la señora.
  f. El mono está de pie, junto al perro de la señora.
  g. El está de pie, junto al perro de la señora.

5. ¿Dónde está la señora?

  a. Junto a su perro.
  b. Está junto a su perro.
  c. La señora está junto a su perro.
ch. Ella está junto a su perro.
  d. De pie, junto a su perro.
  e. Está de pie, junto a su perro.
  f. La señora está de pie, junto a su perro.
  g. Ella está de pie, junto a su perro.
  h. Junto a su perro, tirándole huevos al ladrón gordo.
  i. Está junto a su perro, tirándole huevos al ladrón gordo.
  j. La señora está junto a su perro, tirándole huevos al ladrón gordo.
  k. Ella está junto a su perro, tirándole huevos al ladrón gordo.
  l. De pie, junto a su perro, tirándole huevos al ladrón gordo.
ll. Está de pie, junto a su perro, tirándole huevos al ladrón gordo.
  m. La señora está de pie, junto a su perro, tirándole huevos al ladrón go
  n. Ella está de pie, junto a su perro, tirándole huevos al ladrón gordo

Lección 14

Ejercicio 1	Ejercicio 2	Ejercicio 3	Ejercicio 4	Ejercicio 5	Ejercicio 6
1. 6	1. 3	1. 2	1. 3	1. 2	1. 1
2. 4	2. 1	2. 4	2. 2	2. 3	2. 2
3. 5	3. 6	3. 6	3. 1	3. 1	3. 4
4. 2	4. 2	4. 1			4. 6
5. 3	5. 4	5. 3			5. 5
6. 1	6. 5	6. 5			6. 3

Ejercicio 7	Ejercicio 8	Ejercicio 9	Ejercicio 10	Ejercicio 11	Ejercicio 12
1. 2	1. 2	1. 2	1. 1	1. 6	1. 4
2. 1	2. 1	2. 3	2. 3	2. 1	2. 2
3. 3	3. 4	3. 1	3. 2	3. 3	3. 1
	4. 3			4. 2	4. 6
				5. 5	5. 3
				6. 4	6. 5

Ejercicio 13	Ejercicio 14	Ejercicio 15	Ejercicio 16	Ejercicio 17	Ejercicio 18
1. 3	1. 2	1. 2	1. 2	1. 2	1. 6
2. 2	2. 1	2. 1	2. 1	2. 3	2. 5
3. 1	3. 3	3. 4	3. 4	3. 1	3. 4
		4. 3	4. 3		4. 3
		5. 5			5. 2
		6. 6			6. 1

Ejercicio 19	Ejercicio 20	Ejercicio 21	Ejercicio 22	Ejercicio 23	Ejercicio 24
(See below)	(See below)	1. 3	1. 6	1. 5	1. 5
		2. 2	2. 5	2. 4	2. 4
		3. 1	3. 4	3. 1	3. 3
			4. 3	4. 3	4. 1
			5. 2	5. 6	5. 6
			6. 1	6. 2	6. 2

Ejercicio 19

1. ¿En qué habitación están el padre, la madre, el hijo y la hija?

    a. En el cuarto de estar.
    b. Están en el cuarto de estar.
    c. El padre, la madre, el hijo y la hija están en el cuarto de estar.
    ch. Ellos están en el cuarto de estar.

2. ¿Qué regalos tiene el hijo?

    a. Un avión y una chaqueta.
    b. Tiene un avión y una chaqueta.
    c. El hijo tiene un avión y una chaqueta.
    ch. El tiene un avión y una chaqueta.

3. ¿Qué regalos tiene la hija?

    a. Un automóvil y un vestido.
    b. Tiene un automóvil y un vestido.
    c. La hija tiene un automóvil y un vestido.
    ch. Ella tiene un automóvil y un vestido.

Ejercicio 20

1. ¿Dónde está la cafetera?

    a. En la mesa.
    b. Está en la mesa.
    c. La cafetera está en la mesa.

Ejercicio 20 (cont'd)

2. ¿Qué está comiendo la azafata?

    a. Un huevo.
    b. Está comiendo un huevo.
    c. La azafata está comiendo un huevo.
    ch. Ella está comiendo un huevo.

3. ¿Qué está bebiendo la azafata?

    a. Café.
    b. Está bebiendo café.
    c. La azafata está bebiendo café.
    ch. Ella está bebiendo café.

4. ¿Qué está comiendo el bombero?

    a. Una banana.
    b. Está comiendo una banana.
    c. El bombero está comiendo una banana.
    ch. El está comiendo una banana.

5. ¿Qué está bebiendo el bombero?

    a. Café.
    b. Está bebiendo café.
    c. El bombero está bebiendo café.
    ch. El está bebiendo café.

Lección 14 (continued)

Ejercicio 25

1. ¿Qué está comiendo el hombre?

   a. Espaguetis.
   b. Está comiendo espaguetis.
   c. El hombre está comiendo espaguetis.
  ch. El está comiendo espaguetis.

2. ¿Qué derrama la señora?

   a. El café.
   b. Café.
   c. Derrama el café.
  ch. La señora derrama el café.
   d. Ella derrama el café.
   e. El café, encima del hombre.
   f. Derrama el café encima del hombre.
   g. La señora derrama el café encima del hombre.
   h. Ella derrama el café encima del hombre.

3. ¿Dónde está el mono?

   a. Junto al bebé.
   b. El mono está junto al bebé.
   c. El está junto al bebé.

4. ¿Qué hay detrás del cubierto?

   a. Una banana.
   b. Hay una banana.
   c. Hay una banana detrás del cubierto.
  ch. Detrás del cubierto hay una banana.

5. ¿Dónde está el camarero?

   a. Detrás de la mesa.
   b. Está detrás de la mesa.
   c. El camarero está detrás de la mesa.
  ch. El está detrás de la mesa.
   d. De pie, detrás de la mesa.
   e. Está de pie, detrás de la mesa.
   f. El camarero está de pie, detrás de la mesa.
   g. El está de pie, detrás de la mesa.

Ejercicio 26

1. ¿Qué le pone el médico a la niña en la boca?

   a. El termómetro.
   b. Le pone el termómetro.
   c. El médico le pone el termómetro.
  ch. El le pone el termómetro.
   d. Un termómetro.
   e. Le pone un termómetro.
   f. El médico le pone un termómetro.
   g. El le pone un termómetro.
   h. Le pone el termómetro en la boca.
   i. El médico le pone el termómetro en la boca.
   j. El le pone el termómetro en la boca.
   k. Le pone un termómetro en la boca.
   l. El médico le pone un termómetro en la boca.
  ll. El le pone un termómetro en la boca.

2. ¿Qué hay junto a la casa?

   a. Arboles.
   b. Hay árboles.
   c. Hay árboles junto a la casa.
  ch. Junto a la casa hay árboles.

3. ¿Dónde está el perro?

   a. Delante de la señora.
   b. Está delante de la señora.
   c. El perro está delante de la señora.
  ch. El está delante de la señora.

4. ¿Qué hay sobre el pecho del niño?

   a. Un lápiz y una toalla.
   b. Hay un lápiz y una toalla.
   c. Hay un lápiz y una toalla sobre el pecho del niño.
  ch. Hay un lápiz y una toalla sobre su pecho.
   d. Sobre el pecho del niño hay un lápiz y una toalla.
   e. Sobre su pecho hay un lápiz y una toalla.

5. ¿Qué están comiendo el bombero y el piloto?

   a. El bombero está comiendo una banana.
   b. El bombero está comiendo una banana. El piloto, no.
   c. El bombero está comiendo una banana. El piloto, nada.
  ch. El bombero está comiendo una banana. El piloto no está comiend
   d. El bombero está comiendo una banana. El piloto no está comiend
      nada.

Lección 15

Ejercicio 1	Ejercicio 2	Ejercicio 3	Ejercicio 4	Ejercicio 5	Ejercicio 6
1. 3	1. 4	1. 3	1. 1	1. 2	1. 6
2. 2	2. 2	2. 1	2. 3	2. 4	2. 1
3. 1	3. 1	3. 2	3. 4	3. 6	3. 3
4. 4	4. 3		4. 6	4. 3	4. 2
5. 5			5. 5	5. 5	5. 5
6. 6			6. 2	6. 1	6. 4

Ejercicio 7	Ejercicio 8	Ejercicio 9	Ejercicio 10	Ejercicio 11
1. 3	1. 3	1. 5	1. 4	1. 4
2. 1	2. 1	2. 3	2. 1	2. 1
3. 4	3. 4	3. 4	3. 3	3. 8
4. 6	4. 6	4. 2	4. 7	4. 5
5. 5	5. 2	5. 6	5. 2	5. 2
6. 2	6. 5	6. 1	6. 9	6. 9
			7. 5	7. 3
			8. 6	8. 7
			9. 8	9. 6

Ejercicio 12		Ejercicio 13	Ejercicio 14	Ejercicio 15	Ejercicio 16
1. 6	7. 3	1. 4	1. 5	1. 5	1. 6
2. 2	8. 4	2. 6	2. 1	2. 2	2. 1
3. 1	9. 7	3. 3	3. 3	3. 6	3. 4
4. 8	10. 11	4. 5	4. 6	4. 3	4. 2
5. 9	11. 10	5. 1	5. 4	5. 4	5. 3
6. 5	12. 12	6. 2	6. 2	6. 1	6. 5
				7. 7	

Ejercicio 17	Ejercicio 18	Ejercicio 19	Ejercicio 20		Ejercicio 21	Ejercicio 22
1. 2	1. 1	1. 1	1. 8	7. 6	(See below)	1. algo
2. 1	2. 3	2. 2	2. 7	8. 12		2. escaleras
3. 3	3. 2	3. 5	3. 1	9. 4		3. bolso
4. 4		4. 3	4. 10	10. 9		4. desabotona
		5. 4	5. 2	11. 3		5. están
			6. 11	12. 5		

Ejercicio 21

1. ¿Qué hay en el frasco?

   a. Un remedio.
   b. Hay un remedio.
   c. Hay un remedio en el frasco.
  ch. En el frasco hay un remedio.

2. ¿En dónde está el cepillo de dientes?

   a. En la boca del perro.
   b. Está en la boca del perro.
   c. El cepillo de dientes está en la boca del perro.

3. ¿Qué está comiendo la hija pequeña?

   a. Una manzana.
   b. Está comiendo una manzana.
   c. La hija pequeña está comiendo una manzana.
  ch. Ella está comiendo una manzana.

4. ¿Con qué está escribiendo el hijo pequeño?

   a. Con un lápiz.
   b. Está escribiendo con un lápiz.
   c. El hijo pequeño está escribiendo con un lápiz.
  ch. El está escribiendo con un lápiz.

Lección 16

Ejercicio 1	Ejercicio 2	Ejercicio 3	Ejercicio 4	Ejercicio 5	Ejercicio 6
1. 2	1. 6	1. 1	1. 1	1. 3	1. 1
2. 9	2. 2	2. 3	2. 2	2. 2	2. 3
3. 6	3. 3	3. 2	3. 6	3. 1	3. 9
4. 4	4. 1		4. 5		4. 2
5. 1	5. 4		5. 4		5. 8
6. 8	6. 5		6. 3		6. 5
7. 3					7. 4
8. 5					8. 6
9. 7					9. 7

Ejercicio 7	Ejercicio 8	Ejercicio 9	Ejercicio 10	Ejercicio 11	Ejercicio 12
1. 2	1. 3	1. 8	1. 3	1. 5	1. 3
2. 4	2. 1	2. 1	2. 2	2. 7	2. 6
3. 1	3. 6	3. 9	3. 7	3. 1	3. 1
4. 6	4. 5	4. 7	4. 1	4. 2	4. 5
5. 3	5. 4	5. 2	5. 9	5. 6	5. 2
6. 5	6. 2	6. 6	6. 5	6. 4	6. 4
		7. 5	7. 4	7. 3	
		8. 4	8. 8		
		9. 3	9. 6		

Ejercicio 13	Ejercicio 14	Ejercicio 15	Ejercicio 16	Ejercicio 17	Ejercicio 18
1. 5	1. 6	1. 1	1. 2	1. 3	1. 2
2. 1	2. 3	2. 2	2. 3	2. 1	2. 3
3. 2	3. 1	3. 6	3. 1	3. 2	3. 1
4. 4	4. 8	4. 5			
5. 3	5. 2	5. 3			
6. 6	6. 7	6. 4			
	7. 4				
	8. 5				

Ejercicio 19	Ejercicio 20	Ejercicio 21	Ejercicio 22		Ejercicio 23	
1. 2	1. 2	1. 4	1. sí	6. sí	1. no	6. sí
2. 1	2. 1	2. 2	2. no	7. no	2. no	7. no
3. 4	3. 4	3. 3	3. no	8. sí	3. no	8. no
4. 3	4. 3	4. 1	4. no	9. sí	4. sí	9. no
			5. no	10. sí	5. no	10. no

Lección 17

Ejercicio 1	Ejercicio 2	Ejercicio 3	Ejercicio 4	Ejercicio 5	Ejercicio 6	
1. 2	1. 1	1. 2	1. 1	1. 3	1. 6	7. 4
2. 1	2. 2	2. 4	2. 6	2. 2	2. 8	8. 5
		3. 1	3. 3	3. 1	3. 3	9. 9
		4. 3	4. 5		4. 12	10. 10
			5. 2		5. 2	11. 7
			6. 4		6. 11	12. 1

Lección 17 (continued)

Ejercicio 7		Ejercicio 8	Ejercicio 9	Ejercicio 10	Ejercicio 11	Ejercicio 12	Ejercicio 13
1. 8	7. 9	1. 2	1. 2	1. 3	1. 2	1. 2	1. 4
2. 6	8. 11	2. 3	2. 1	2. 2	2. 1	2. 3	2. 3
3. 3	9. 5	3. 1	3. 3	3. 1	3. 3	3. 1	3. 1
4. 1	10. 2						4. 2
5. 4	11. 7						
6. 10	12. 12						

Ejercicio 14	Ejercicio 15	Ejercicio 16	Ejercicio 17	Ejercicio 18	Ejercicio 19	Ejercicio 20	Ejercicio 21
1. 6	1. 6	1. 2	1. 3	1. C	(see below)	1. 10	1. comiendo
2. 1	2. 4	2. 3	2. 6	2. D		2. 3	2. comió
3. 4	3. 8	3. 1	3. 5	3. A		3. 6	3. está
4. 2	4. 7		4. 1	4. B		4. 9	4. subió
5. 5	5. 1		5. 4	5. CH		5. 1	5. estaba
6. 3	6. 2		6. 2			6. 8	
	7. 5					7. 4	
	8. 3					8. 7	
						9. 2	
						10. 5	

Ejercicio 19

1.1 ¿Qué lleva la señora?

a. Un perro.
b. Lleva un perro.
c. La señora lleva un perro.
ch. Ella lleva un perro.

1.2 ¿Qué lleva el hombre?

a. Un gato.
b. Lleva un gato.
c. El hombre lleva un gato.
ch. El lleva un gato.

2.1 ¿Dónde está sentado el hombre?

a. Dentro del automóvil.
b. Está sentado dentro del automóvil.
ch. El hombre está sentado dentro del automóvil.
d. El está sentado dentro del automóvil.
e. En el automóvil.
f. Está sentado en el automóvil.
g. El hombre está sentado en el automóvil.
h. El está sentado en el automóvil.

2.2 ¿Adónde va la señora?

a. A una tienda de ropa.
b. Va a una tienda de ropa.
c. La señora va a una tienda de ropa.
ch. Ella va a una tienda de ropa.
d. A una tienda de ropa, en su automóvil.
e. Va a una tienda de ropa en su automóvil.
f. La señora va a una tienda de ropa en su automóvil.
g. Ella va a una tienda de ropa en su automóvil.

3.1 ¿Dónde está el vendedor?

a. Detrás del mostrador.
b. Está detrás del mostrador.
c. El vendedor está detrás del mostrador.
ch. El está detrás del mostrador.

3.2 ¿Con qué está escribiendo?

a. Con un lápiz.
b. Está escribiendo con un lápiz.
c. El vendedor está escribiendo con un lápiz.
ch. El está escribiendo con un lápiz.

4.1 ¿Qué está sirviendo la señora?

a. El café.
b. Está sirviendo el café.
c. La señora está sirviendo el café.
ch. Ella está sirviendo el café.
d. Café.
e. Está sirviendo café.
f. La señora está sirviendo café.
g. Ella está sirviendo café.

4.2 ¿Con qué está cortando el pan el hombre?

a. Con un cuchillo.
b. Está cortando el pan con un cuchillo.
c. El hombre está cortando el pan con un cuchillo.
ch. El está cortando el pan con un cuchillo.

5.1 ¿Qué lleva el hombre?

a. Una bolsa.
b. Lleva una bolsa.
c. El hombre lleva una bolsa.
ch. El lleva una bolsa.

5.2 ¿Adónde corre?

a. A la tienda de ropa.
b. Corre a la tienda de ropa.
c. El hombre corre a la tienda de ropa.
ch. El corre a la tienda de ropa.
d. A una tienda de ropa.
e. Corre a una tienda de ropa.
f. El hombre corre a una tienda de ropa.
g. El corre a una tienda de ropa.

Lección 18

Ejercicio 1	Ejercicio 2	Ejercicio 3	Ejercicio 4	Ejercicio 5	Ejercicio 6	Ejercicio 7	Ejercicio 8
1. 3	1. 2	1. 4	1. 2	1. 2	1. 3	1. 5	1. 5
2. 1	2. 3	2. 1	2. 6	2. 3	2. 1	2. 3	2. 3
3. 2	3. 1	3. 5	3. 1	3. 1	3. 2	3. 6	3. 4
		4. 2	4. 4			4. 2	4. 1
		5. 6	5. 5			5. 4	5. 6
		6. 3	6. 3			6. 1	6. 2

Ejercicio 9	Ejercicio 10	Ejercicio 11	Ejercicio 12	Ejercicio 13	Ejercicio 14		Ejercicio 15
1. 2	1. 2	1. 2	1. 2	1. 3	1. 8	6. 2	1. 2
2. 1	2. 1	2. 3	2. 3	2. 6	2. 6	7. 3	2. 4
		3. 4	3. 1	3. 1	3. 4	8. 1	3. 1
		4. 1		4. 5	4. 10	9. 5	4. 3
				5. 4	5. 9	10. 7	
				6. 2			

Ejercicio 16	Ejercicio 17	Ejercicio 18	Ejercicio 19		Ejercicio 20	Ejercicio 21	Ejercicio 22
1. 3	1. 3	1. 3	1. 10	7. 1	1. 5	1. 5	1. 2
2. 1	2. 2	2. 1	2. 9	8. 2	2. 7	2. 3	2. 1
3. 2	3. 1	3. 6	3. 8	9. 11	3. 4	3. 1	
		4. 2	4. 6	10. 7	4. 1	4. 6	
		5. 4	5. 4	11. 12	5. 6	5. 4	
		6. 5	6. 3	12. 5	6. 2	6. 2	
					7. 8		
					8. 3		

Ejercicio 23	Ejercicio 24	Ejercicio 25	Ejercicio 26	Ejercicio 27		Ejercicio 28	
1. 2	1. 6	1. 8	1. 9	1. 10	6. 2	1. 8	6. 4
2. 3	2. 8	2. 3	2. 5	2. 3	7. 9	2. 6	7. 9
3. 1	3. 4	3. 7	3. 7	3. 6	8. 1	3. 7	8. 1
	4. 3	4. 6	4. 1	4. 5	9. 8	4. 5	9. 10
	5. 1	5. 2	5. 3	5. 7	10. 4	5. 2	10. 3
	6. 7	6. 5	6. 8				
	7. 2	7. 1	7. 6				
	8. 5	8. 9	8. 4				
		9. 4	9. 2				

Ejercicio 29	Ejercicio 30		Ejercicio 31	Ejercicio 32	Ejercicio 33	Ejercicio 34
1. 3	1. 14	9. 1	1. 7	1. 3	1. 2	1. 3
2. 1	2. 13	10. 6	2. 6	2. 1	2. 3	2. 5
3. 2	3. 10	11. 2	3. 4	3. 2	3. 1	3. 2
	4. 12	12. 5	4. 9			4. 1
	5. 8	13. 15	5. 2			5. 4
	6. 7	14. 11	6. 8			
	7. 4	15. 9	7. 3			
	8. 3		8. 5			
			9. 1			

Ejercicio 35		Ejercicio 36	Ejercicio 37	Ejercicio 38	Ejercicio 39
1. 8	7. 10	1. no	1. no	(see p. 373)	1. dentro
2. 6	8. 4	2. sí	2. no		2. pilota
3. 5	9. 3	3. no	3. no		3. derram
4. 2	10. 9	4. no	4. sí		4. bebien
5. 12	11. 7	5. sí	5. no		5. juntos
6. 1	12. 11				

Lección 18 (continued)

Ejercicio 38

1. ¿Qué está comiendo el hombre gordo?

    a. Espaguetis.
    b. Está comiendo espaguetis.
    c. El hombre gordo está comiendo espaguetis.
  ch. El está comiendo espaguetis.

2. ¿Está la señora besando al hombre gordo?

    a. Sí.
    b. Sí. Está besando al hombre gordo.
    c. Sí. La señora está besando al hombre gordo.
  ch. Sí. Ella está besando al hombre gordo.
    d. Sí. Lo está besando.
    e. Sí. La señora lo está besando.
    f. Sí. Ella lo está besando.

3. ¿Dónde lo besa?

    a. En la cabeza.
    b. Lo besa en la cabeza.
    c. La señora lo besa en la cabeza.
  ch. Ella lo besa en la cabeza.

4. ¿Está Juan pintando al hombre gordo?

    a. Sí.
    b. Sí, está pintando al hombre gordo.
    c. Sí, Juan está pintando al hombre gordo.
  ch. Sí, él está pintando al hombre gordo.
    d. Sí, lo está pintando.
    e. Sí, Juan lo está pintando.
    f. Sí, él lo está pintando.

Lección 19

Ejercicio 1	Ejercicio 2	Ejercicio 3	Ejercicio 4	Ejercicio 5	Ejercicio 6	Ejercicio 7	Ejercicio 8
1. 5	1. 2	1. 2	1. 6	1. 2	1. 5	1. 3	1. 2
2. 1	2. 3	2. 3	2. 1	2. 4	2. 7	2. 4	2. 6
3. 4	3. 1	3. 1	3. 3	3. 6	3. 1	3. 2	3. 4
4. 2			4. 5	4. 5	4. 6	4. 1	4. 5
5. 3			5. 4	5. 3	5. 2		5. 1
			6. 2	6. 1	6. 4		6. 3
					7. 8		
					8. 3		

Ejercicio 9	Ejercicio 10	Ejercicio 11	Ejercicio 12	Ejercicio 13	Ejercicio 14	Ejercicio 15	Ejercicio 16
1. 4	1. 3	1. 8	1. 2	1. 6	1. 2	1. 4	1. 2
2. 1	2. 1	2. 3	2. 3	2. 7	2. 4	2. 1	2. 6
3. 5	3. 2	3. 1	3. 4	3. 1	3. 5	3. 5	3. 4
4. 3		4. 5	4. 1	4. 5	4. 6	4. 3	4. 5
5. 2		5. 6		5. 4	5. 1	5. 7	5. 1
		6. 7		6. 8	6. 3	6. 2	6. 3
		7. 4		7. 2		7. 6	
		8. 2		8. 3			

Ejercicio 17	Ejercicio 18	Ejercicio 19	Ejercicio 20	Ejercicio 21		Ejercicio 22
1. sí	1. sí	1. sí	(see p. 374)	1. 8	7. 12	1. Vete
2. no	2. sí	2. no		2. 10	8. 6	2. quiero
3. sí	3. no	3. sí		3. 2	9. 9	3. besó
4. sí	4. no	4. no		4. 1	10. 11	4. están
5. no	5. no	5. sí		5. 5	11. 7	5. Qué
				6. 4	12. 3	

Lección 19 (continued)

Ejercicio 20

1. ¿Qué le sucedió al hombre?

    a. Se cayó en la calle.
    b. El hombre se cayó en la calle.
    c. El se cayó en la calle.

3. ¿Dónde estaba el hombre?

    a. En la calle.
    b. Estaba en la calle.
    c. El hombre estaba en la calle.
  ch. El estaba en la calle.

2. ¿Dónde están el mono y el huevo?

    a. En la calle.
    b. Están en la calle.
    c. El mono y el huevo están en la calle.
  ch. En la calle. El mono está sentado sobre el huevo.
    d. Están en la calle. El mono está sentado sobre el huevo.
    e. El mono y el huevo están en la calle. El mono está sentado sobre el hue

---

Lección 20

Ejercicio 1		Ejercicio 2	Ejercicio 3	Ejercicio 4	Ejercicio 5	Ejercicio
1. 5	9. 13	1. 1	1. 3	1. 1	1. 4	1. 4
2. 1	10. 9	2. 4	2. 6	2. 2	2. 1	2. 3
3. 3	11. 11	3. 3	3. 1	3. 4	3. 2	3. 6
4. 4	12. 12	4. 2	4. 2	4. 3	4. 3	4. 2
5. 15	13. 7		5. 5	5. 5		5. 1
6. 6	14. 14		6. 4			6. 5
7. 10	15. 2					
8. 8						

Ejercicio 7		Ejercicio 8	Ejercicio 9	Ejercicio 10	Ejercicio 11	Ejercicio 12	Ejercicio 13
1. 1	8. 5	1. 3	1. 6	1. 2	1. 4	1. 1	1. 1
2. 12	9. 14	2. 6	2. 5	2. 1	2. 7	2. 2	2. 3
3. 3	10. 10	3. 1	3. 4	3. 3	3. 2	3. 3	3. 2
4. 4	11. 11	4. 2	4. 3		4. 1	4. 6	
5. 8	12. 9	5. 5	5. 2		5. 3	5. 4	
6. 2	13. 13	6. 4	6. 1		6. 6	6. 5	
7. 7	14. 6				7. 5		
					8. 8		

Ejercicio 14	Ejercicio 15		Ejercicio 16	Ejercicio 17		Ejercicio 18	Ejercicio
1. 6	1. 3	7. 4	1. 2	1. 10	7. 3	1. 5	1. 1
2. 7	2. 2	8. 11	2. 7	2. 9	8. 6	2. 8	2. 3
3. 8	3. 1	9. 6	3. 1	3. 5	9. 4	3. 4	3. 2
4. 2	4. 8	10. 9	4. 3	4. 12	10. 8	4. 6	
5. 3	5. 7	11. 10	5. 6	5. 7	11. 2	5. 2	
6. 4	6. 5	12. 12	6. 5	6. 11	12. 1	6. 7	
7. 5			7. 8			7. 3	
8. 1			8. 4			8. 1	

Lección 20 (continued)

Ejercicio 20		Ejercicio 21		Ejercicio 22	Ejercicio 23	Ejercicio 24	Ejercicio 25
1. 11	7. 9	1. 4	7. 12	1. 3	1. no	(see below)	1. detenidamente
2. 10	8. 2	2. 7	8. 3	2. 2	2. no		2. desea
3. 12	9. 4	3. 1	9. 10	3. 1	3. no		3. vuelta
4. 6	10. 3	4. 11	10. 9		4. sí		4. junto a
5. 7	11. 5	5. 2	11. 6		5. sí		5. Vamos
6. 8	12. 1	6. 5	12. 8				

Ejercicio 24

1. ¿Qué tomó el niño?

a. Una galleta.
b. Tomó una galleta.
c. El niño tomó una galleta.
ch. El tomó una galleta.
d. Tomó una galleta y se la comió.
e. El niño tomó una galleta y se la comió.
f. El tomó una galleta y se la comió.

2. ¿Qué comió el niño?

a. Una galleta.
b. Comió una galleta.
c. El niño comió una galleta.
ch. El comió una galleta.

3. ¿Qué hace la madre después?

a. Vuelve a la cocina.
b. La madre vuelve a la cocina.
c. Ella vuelve a la cocina.
ch. Después, vuelve a la cocina.
d. Después, la madre vuelve a la cocina.
e. Después, ella vuelve a la cocina.
f. Vuelve a la cocina otra vez.
g. La madre vuelve a la cocina otra vez.
h. Ella vuelve a la cocina otra vez.
i. Después, vuelve a la cocina otra vez.
j. Después, la madre vuelve a la cocina otra vez.
k. Después, ella vuelve a la cocina otra vez.

Lecciones X-19 y X-20

Ejercicio 1	Ejercicio 2	Ejercicio 3	Ejercicio 4	Ejercicio 5	Ejercicio 6	Ejercicio 7	Ejercicio 8
1. 2	1. 3	1. 5	1. 5	1. 2	1. 2	1. 2	1. 5
2. 1	2. 2	2. 3	2. 3	2. 3	2. 3	2. 1	2. 1
3. 3	3. 1	3. 4	3. 1	3. 1	3. 1	3. 3	3. 2
		4. 1	4. 2	4. 6			4. 6
		5. 6	5. 6	5. 4			5. 3
		6. 2	6. 4	6. 9			6. 4
				7. 5			
				8. 8			
				9. 7			

Ejercicio 9	Ejercicio 10	Ejercicio 11	Ejercicio 12	Ejercicio 13	Ejercicio 14	Ejercicio 15	Ejercicio 16
1. 3	1. 3	1. 2	1. 1	1. 3	1. 4	1. 1	1. 2
2. 2	2. 1	2. 4	2. 3	2. 5	2. 2	2. 2	2. 1
3. 1	3. 2	3. 3	3. 2	3. 1	3. 1	3. 3	
		4. 1	4. 6	4. 4	4. 3		
			5. 4	5. 6			
			6. 5	6. 2			

Ejercicio 17	Ejercicio 18	Ejercicio 19	Ejercicio 20	Ejercicio 21	
1. 2	1. 4	1. 2	1. 2	1. 5	6. 9
2. 1	2. 1	2. 1	2. 3	2. 1	7. 4
3. 3	3. 5	3. 3	3. 1	3. 2	8. 6
	4. 6			4. 8	9. 7
	5. 2			5. 3	
	6. 7				
	7. 3				

Lecciones X-19 y X-20 (continued)

Ejercicio 22

1. ¿Quién está persiguiendo al perro?

   a. El hombre.
   b. El hombre está persiguiendo al perro.
   c. El hombre lo está persiguiendo.
  ch. El hombre está persiguiéndolo.

2. ¿Quién está persiguiendo al elefante?

   a. El ratón.
   b. El ratón está persiguiendo al elefante.
   c. El ratón lo está persiguiendo.
  ch. El ratón está persiguiéndolo.

3. ¿A quién está persiguiendo el elefante?

   a. Al mono.
   b. El elefante está persiguiendo al mono.

Ejercicio 24

1. ¿Quién está gordo?

   a. El hombre está gordo.
   b. El señor está gordo.
   c. El está gordo.

2. ¿Quién no estaba en el consultorio a las ocho y media?

   a. La doctora.
   b. La doctora no estaba en el consultorio a las ocho y media.

3. ¿Quién llegó al consultorio a las nueve?

   a. La doctora.
   b. La doctora llegó al consultorio a las nueve.

Ejercicio 23

1. ¿De quién es el perro grande?

   a. Del niño.
   b. Del niño pequeño.
   c. Es del niño.
  ch. Es del niño pequeño.
   d. El perro grande es del niño.
   e. El perro grande es del niño pequeño.

2. ¿Está el gato caminando debajo del árbol?

   a. No.
   b. No, el gato no está caminando debajo del árbol.
   c. No, no lo está.
  ch. No. El niño está caminando debajo del árbol.
   d. No. El niño lo está.
   e. No, es el niño el que está caminando debajo del árbol.
   f. No, es el niño quien está caminando debajo del árbol.
   g. No, el niño es el que está caminando debajo del árbol.
   h. No, el niño es quien está caminando debajo del árbol.

3. ¿Quién ve a los perros?

   a. El gato.
   b. El gato ve a los perros.
   c. Un gato.
  ch. Un gato ve a los perros.
   d. El gato los ve.
   e. Un gato los ve.

4. ¿Quién tiene miedo de los perros?

   a. El gato.
   b. El gato tiene miedo de los perros.
   c. Un gato.
  ch. Un gato tiene miedo de los perros.

Ejercicio 25	Ejercicio 26	Ejercicio 27	Ejercicio 28	Ejercicio 29
1. no	1. 5	1. 2	1. 4	1. 1
2. sí	2. 1	2. 1	2. 2	2. 2
3. sí	3. 6	3. 3	3. 1	
4. sí	4. 2		4. 3	
5. no	5. 4			
6. no	6. 3			

Lecciones X-19 y X-20 (continued)

Ejercicio 30	Ejercicio 31	Ejercicio 32	Ejercicio 33	Ejercicio 34	Ejercicio 35
1. 6	1. 2	1. 2	1. 6	1. 2	1. 2
2. 4	2. 1	2. 4	2. 4	2. 1	2. 6
3. 1	3. 3	3. 5	3. 1		3. 5
4. 2	4. 4	4. 1	4. 2		4. 3
5. 5		5. 3	5. 3		5. 4
6. 3			6. 5		6. 1

Ejercicio 36

1. ¿Quién está debajo de la mesa?

   a. El mono.
   b. Un mono.
   c. El mono está debajo de la mesa.
   ch. Un mono está debajo de la mesa.

2. ¿Quién está al lado de la mesa?

   a. El perro.
   b. Un perro.
   c. El perro está al lado de la mesa.
   ch. Un perro está al lado de la mesa.

3. ¿De quién es el perro?

   a. Del bombero.
   b. De un bombero.
   c. Es del bombero.
   ch. Es de un bombero.
   d. El perro es del bombero.
   e. El perro es de un bombero.

4. ¿Quién camina por encima de la caja?

   a. El niño.
   b. Un niño.
   c. El niño camina por encima de la caja.
   ch. Un niño camina por encima de la caja.

5. ¿Qué hay en la caja?

   a. Un gato.
   b. Hay un gato.
   c. Hay un gato en la caja.

6. ¿Por encima de qué camina ahora el niño?

   a. De un libro.
   b. Por encima de un libro.
   c. Camina por encima de un libro.
   ch. El niño camina por encima de un libro.
   d. El camina por encima de un libro.
   e. Ahora, camina por encima de un libro.
   f. Ahora, el niño camina por encima de un libro.
   g. Ahora, él camina por encima de un libro.

7. ¿Qué hay por debajo del cuadro?

   a. Una mesa.
   b. Hay una mesa.
   c. Hay una mesa por debajo del cuadro.
   ch. Por debajo del cuadro hay una mesa.

8. ¿Qué hay por encima del cuadro?

   a. Un espejo.
   b. Hay un espejo.
   c. Hay un espejo por encima del cuadro.
   ch. Por encima del cuadro hay un espejo.

Ejercicio 37

Caballo
Gato
Elefante
Mono
Perro
Pájaro

Ejercicio 38

1. se ve
2. El nuestro
3. miro
4. gracioso
5. persigue